쉽게 따라 하고 빠르게 도전하는
빌라 투자 방정식

쉽게 따라 하고
빠르게 도전하는

빌라 투자 방정식

황성수 지음

매일경제신문사

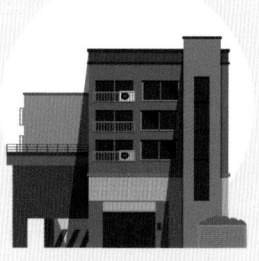

프롤로그

여러분은 '빌라(다세대주택)'라는 단어를 들으면 어떤 생각이 먼저 드는가? 이번엔 '아파트'라는 단어를 들으면 어떤가? 아마도 아파트에 대한 인식은 좋은 경우가 많고, 빌라에 대한 인식은 그다지 좋지 않은 경우가 많다. 많은 사람들이 빌라 투자에 대해 다음과 같은 고정관념을 갖고 있다.

- 낡았다.
- 내가 사면 떨어진다.
- 개별성이 강하다.
- 시세 파악이 어렵다.
- 엄청 안 오른다.

이 글을 읽는 여러분도 아마 같은 생각을 하고 있을 것이다. 유튜브 등을 보면 이런 곳에 빌라 투자를 하라고 한다.

- ▶ **직주근접** : 도심 접근성이 좋은 지역 노리기
- ▶ **역세권** : 신혼부부가 선호하는 역세권 빌라에 투자하기
- ▶ **경매 취득** : 빌라는 법원 경매로 저렴하게 취득하기
- ▶ **급매물** : 시세보다 싸게 나온 급매물을 노리기
- ▶ **신축주택** : 위치 좋은 신축주택을 투자하기
- ▶ **강남권 투자** : 아파트와 갭이 많이 나는 지역을 노리기

구구절절 맞는 말인데 너무 어렵다. 도심 접근성이 좋은 지역이 어디고, 신혼부부가 선호하는 역세권이 어딘지 모르겠다. 법원 경매로 빌라에 투자하면 다 돈이 되는지, 급매물을 사면 아예 문제가 없는 것인지도 난감하다. 위치 좋은 신축 빌라를 분양받으라는데 어디가 좋은 건지 모르겠고, 아파트와 가격 차이가 많이 나는 강남권 투자를 하라는데, 이 또한 돈이 많이 들진 않을지 걱정이 될 것이다. 결론적으로 '도대체 어떤 빌라를 사라는 거야?'라는 생각이 든다.

빌라 투자 방정식을 만들다

필자가 부동산 투자를 시작한 지 어느덧 20년이 넘었다. 그동안 수많은 부동산을 사고팔면서 빌라의 매력에 푹 빠지게 되었다. 빌라 투자, 여러분이 걱정하는 것처럼 어렵지 않다. 그런데도 부동산 첫 투자로 빌라에 선뜻 도전하기 어렵다는 점은 잘 알고 있다. 그래서 고민했다. '빌라 투자에도 기준점이 있으면 얼마나 좋을까? 그 기준점을 시각화하고

수치화한다면 누구나 쉽게 투자할 수 있지 않을까?'

그래서 이 책을 집필하게 되었다.

- 급매물을 찾는 투자 방법을 알면,
- 어떤 이슈가 있는 곳의 투자 방법을 알면,
- 투자해도 절대 손해나지 않는 투자 방법을 알면,

여러분의 빌라 투자는 절대 손해나지 않을 것이다.

기회는 늘 우리 곁에 온다. 사람들은 흔히 '내게는 기회가 오지 않는다'고 말한다. 하지만 기회가 사람을 저버리기보다 오히려 사람이 기회를 저버리고, 그것이 기회였는지도 잘 모르는 경우가 많다. 기회는 붙잡을 수 있는 사람에게, 붙잡을 준비가 되어 있는 사람에게 더 자주 오는 법이다. 필자는 여러분들의 빌라에 대한 선입견을 없애는 동시에 초보자도 할 수 있다는 자신감을 주고 싶다. 돈이 없어도 할 수 있는 빌라 투자, 이 책이 여러분의 부동산 투자에 디딤돌이 되었으면 한다.

여러분의 빌라 투자 성공을 응원하며
황성수

차례

프롤로그 • 5

PART 01 돈 없어도 부동산 투자하는 비법

부동산 투자는 시간을 사는 것이다 • 14
빌라 투자는 현재도 진행 중이다 • 16
사는 순간 2,000만 원 이익 본 문정동 빌라 • 18
돈 없어도 얼마든지 투자할 수 있다 • 22
플러스프리미엄(플러스P) 투자란? • 24
취득세가 중과되지 않는 부동산 • 27
누가 꼭대기층이 안 나간대? • 30

PART 02 편견을 버려야 투자가 잘된다

감정가 7,300만 원 빌라가 1억 3,800만 원에 낙찰된 이유 • 38
감정가 8,700만 원 빌라가 2억 2,100만 원에 낙찰된 사연 • 44
감정가를 맹신하지 말자 • 47
부동산, 가격보다 가치를 보자 • 49

PART 03 고정관념에서 벗어나면 수익이 보인다

오히려 지금이 적기다 • 54
현장 분위기를 직접 알아야 한다 • 57
남들과 다르게 생각해야 돈을 번다 • 62
공동 투자, 투자의 기회를 넓힌다 • 67
전문가 피드백으로 성공 확률을 높인다 • 71
임장 횟수가 쌓일수록 수익이 높아진다 • 74

PART 04 돈 되는 빌라 고르는 방법

빌라의 정의와 변천사 • 80
투자 기준에 따라 선택하는 빌라가 다르다 • 83
빌라가 아파트보다 좋은 이유 • 86
빌라가 환금성이 떨어진다는 말은 오해! • 89
빌라 세 채 투자가 불러온 좋은 나비효과 • 93
장기 보유한다는 생각으로 부동산을 사자 • 100

PART 05 따라 하면 무조건 돈 버는 빌라 투자 방정식

빌라 투자 5가지 조건 • 104
빌라가 싼지, 비싼지 어떻게 알지? • 109
'공·대·공'만 알면 빌라 투자 무조건 성공 • 111
한눈에 이해하는 빌라 투자 방정식 • 121
본인만의 기준을 세우자 • 125
가격이 떨어지지 않는 빌라 • 127

PART 06 왕초보도 쉽게 시작하는 빌라 투자 방법

부동산 텃밭을 가꾸자 • 132
커피값에 정성이 있다 • 135
점점 텃밭을 넓혀가자 • 137
중개사무소 선택하는 요령 • 139
이사 갈 집을 먼저 계약하지 말자 • 142
플러스피를 싫어하는 중개사무소, 직거래로 승부하자 • 146
엘리베이터 없는 5층의 장점 • 153
누수 걱정 없는 빌라 투자법 • 156

PART 07 급매 물건을 빨리 찾는 방법

다양한 부동산 앱을 활용한다 • 160
네이버 부동산 확인은 필수 • 162
서울 부동산 정보광장에서 빌라 정보 찾는 법 • 165
손품으로 빌라 시세를 확인하자 • 168
건축물대장에서 꼭 확인해야 할 사항 • 171
노후에 따라 빌라 투자 방법이 다르다 • 178

PART 08 상황에 따른 빌라 투자 대처법

공실인 빌라 매물인 경우 • 182
집주인이 거주 중인 매물인 경우 • 185
기존 전세를 승계하는 경우 • 187
인테리어는 어디에 맡길까? • 188
수강생 빌라 투자 사례 • 190
무료로 인테리어를 배울 수 있다 • 194
절대 실패하지 않는 빌라 투자법 • 197
고민하다 6,000만 원 수익을 놓치다 • 200

PART 09 서울뿐만 아니라 지방에도 돈 되는 빌라가 있다

최고의 투자는 정비사업 투자다 • 208
대지 지분이 중요하지만, 무조건은 아니다 • 210
미리미리 준비하는 자세가 필요하다 • 213
개발정보는 미리 계획되어 있다 • 218
정보를 이메일로 받자 • 221
미니 재건축, 빌라 투자로 이루자 • 224
지역주택조합, 역으로 활용하면 수익이 보인다 • 230
주체적인 사고가 투자 성공을 부른다 • 235

에필로그 • 238

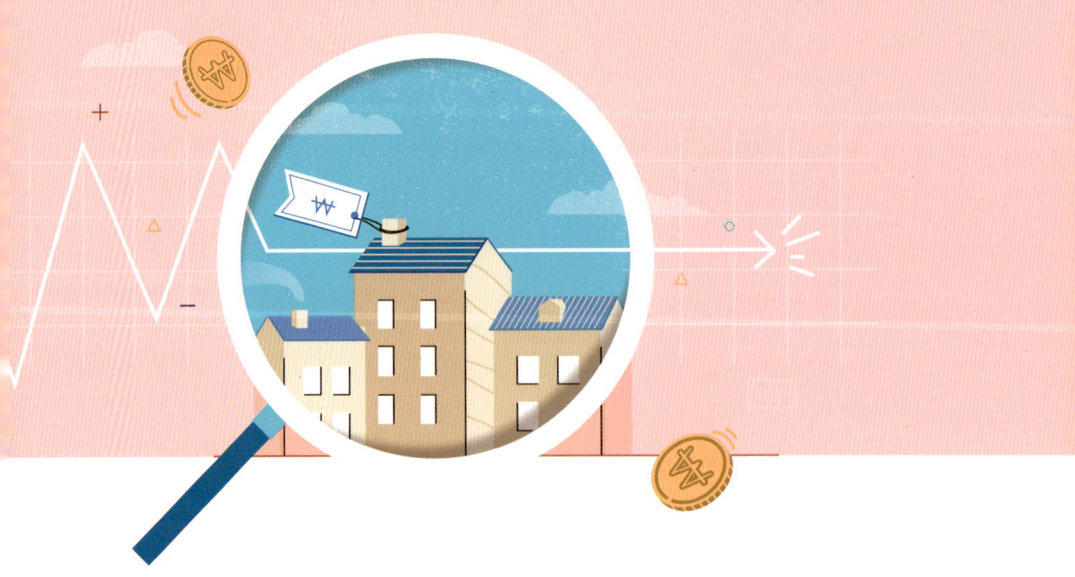

PART
01

돈 없어도 부동산 투자하는 비법

부동산 투자는
시간을 사는 것이다

사람들에게 종잣돈은 늘 관심의 대상이다. 모두의 주머니마다 여윳돈이 넘쳐나면 좋겠지만, 실상은 그렇지 않다. 아등바등 생활하기도 바쁜 사이, 월급은 통장을 잠시 스칠 뿐, 바로 '텅장'이 되어버리는 현실에 어이가 없어진다.

부동산 투자를 시작한 이유

우리는 더 나은 삶을 살기 위해 교육을 받는다. '자아실현'이라는 그럴듯한 어휘로 포장되기도 하는데, 궁극적인 목적은 더 많은 돈을 벌기 위해서다. 필자 역시 부동산을 접하기 전까지 금융회사에 다녔고 열심히 일한 만큼의 보수를 받았다. 그러나 노동으로 일해서 벌어들이는 수입은 항상 한계가 있었다. 회사 대표가 아닌 월급쟁이의 수입으로 저축과 생활을 함께하기엔 더욱더 빠듯한 생활의 연속이었다.

출근하고… 퇴근하고… 잠깐 쉬다 자고… 다시 출근하고… 퇴근하고….

20대 후반, 매일같이 반복되는 삶이 지루했다. 직장에 다니다 보니 개인적으로 쓸 수 있는 시간이 너무나 한정적이었다. 직장에 있는 시간에 병원을 가거나 개인 업무를 본다는 건 거의 불가능했다.

'아, 내 시간을 만들고 싶다.'
'내가 시간이 없는 이유가 뭘까?'

나 자신에게 질문을 계속 던진 결과, 시간이 없는 이유는 직장에 쏟는 시간이 너무 많기 때문이었다. 하지만 직장을 다니지 않으면 당장 끊기는 수입에 생활이 힘들다. 직장에 다니지 않고 돈을 벌 수 있다면, 일하지 않아도 수입이 생길 수 있다면, 나는 내 시간이란 것을 가질 수 있다.

그렇다. 결론적으로 경제적인 여유가 뒷받침되어야 시간을 가질 수 있다. 그렇다면 어떻게 해야 경제적 여유를 누릴 수 있을까? 바로, 부동산 투자다. 투자해놓고 시간이 흐르면 가격이 오르는 마법의 원리, 아니 살 때부터 수익이 나는 부동산을 골라 투자하기로 마음을 먹은 것이다.

빌라 투자는
현재도 진행 중이다

부동산 투자를 오랫동안 해왔다는 다른 분들을 보면, 과거에 투자한 사례로 강의를 하거나 책을 쓰는 분들도 있었다. 하지만 이래서는 현실감이 떨어진다고 생각한다. 독자 입장에서 보면 '그때는 맞고, 지금은 틀리다'로 보여 괴리감이 생긴다. 필자는 20여 년이 넘도록 부동산 투자를 해왔고, 빌라 투자 경력만 해도 15년이 넘는다. 과거부터 해왔던 빌라(다세대주택) 투자 사례는 무수히 많지만, 이 책에는 현실감 있게 최근에 투자했던 사례를 위주로 적어보려 한다.

빌라 매입 후 오히려 돈이 남다

투자에 드는 비용을 감안했을 때, 마이너스피(마피), 무갭(무피), 플러스피(플피) 투자로 나눌 수 있다. 투자금이 소요되면 마이너스피가 되고, 투자금 없이 부동산을 구입하면 무피가 되며, 부동산을 구입했는데 오히려 돈이 남으면 플러스피가 된다. 필자가 빌라 투자에서 즐겨 사용하는 방법은 플러스피 투자다. 많은 분들이 "부동산을 샀는데 어떻게 돈이 남아요?"라고 묻는데, 매매가보다 더 높은 금액으로 전세를 놓은 덕분에 그 차익이 플러스피로 남는 것이다. 빌라를 사는 동시에 돈이 생겨 그 여윳돈을 가지고 아파트 갭투자를 하기도 하고, 오피스텔, 지식산업센터, 상가 등에 투자하기도 했다. 이 모든 투자의 원천이 빌라에 투자해서 생긴 플러스피를 활용한 덕이다. 돈이 없이 투자가 가능한 방법, 바로 이 플러스피가 핵심이다. 또한 구축 빌라는 오래 보유하고 있으면, 그 빌라가 언젠가는 재개발·재건축이 진행되어 또 하나의 더 큰 수익을 불러주니 일거다득이다.

사는 순간 2,000만 원 이익 본 문정동 빌라

 2020년에 서울 지역의 빌라 여러 채를 매입했는데, 그중 서울 송파구 문정동에 위치한 빌라 이야기를 하려고 한다. 당시 이 빌라에는 1억 6,000만 원에 전세 거주 중인 임차인이 있었고, 임대인은 임대차 계약 만료로 전세 보증금을 반환해야 할 처지였다. 임대인은 다시 전세를 놓기보다 매매를 원해 해당 빌라를 매매가 1억 8,000만 원에 내놓았는데, 시간이 지나도 매매가 되지 않자 마음이 굉장히 초조해진 상태였다. 이후 빌라 매매가를 1억 7,000만 원으로 내렸고, 여기에 가격을 더욱 절충해 필자는 해당 임차인의 전세 보증금을 책임져주는 조건으로 1억 6,000만 원에 빌라를 계약했다.

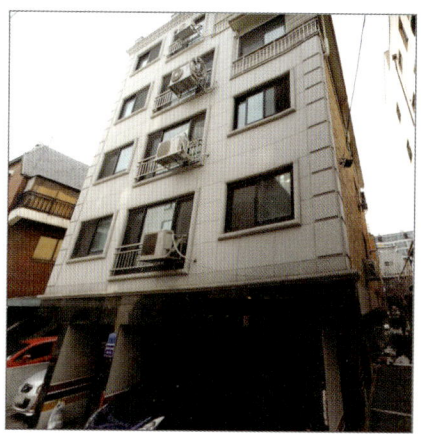

▲ 해당 빌라의 모습

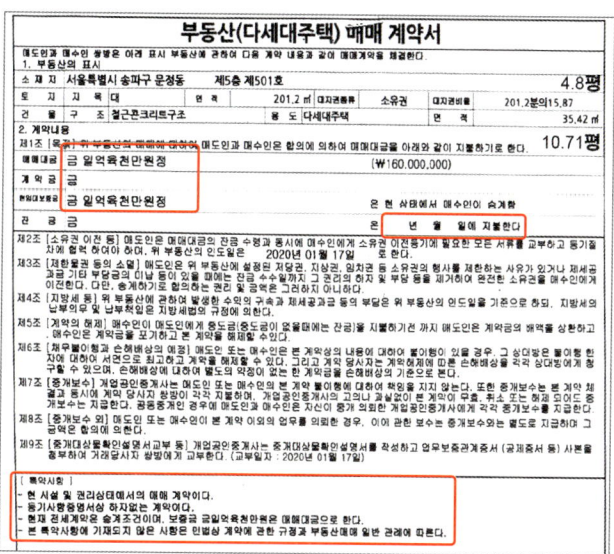

▲ 서울 송파구 문정동에 위치한 빌라 매매 계약서

　매매 계약서에서 보듯 매매 대금은 1억 6,000만 원이며, 현 임차인의 보증금도 1억 6,000만 원이다. 매매 계약서의 잔금 란이 비어 있는 이유는 현 임차인을 그대로 인수하면서 맺은 계약이었기 때문이다. 매매 대금과 임차보증금이 동일했기에 이 빌라를 매입하면서 투자금이 거의 들지 않았다. 그 후 현 임차인의 계약금 반환을 위해 필자는 이 빌라를 다시 전세 내놓았는데, 이때 전세가는 1억 8,000만 원이었다.

▲ 전세 1억 8,000만 원 계약서

'매매가보다 더 높게 전세를 놨는데 과연 집이 나갈까?'라고 의문을 가진 분들이 많을 텐데, 결과적으로 1억 8,000만 원에 전세 계약이 체결되었다. 매매한 시점이 1월 17일이었고, 전세 계약한 시점이 2월 12일이니 결과적으로 한 달도 안 되어 2,000만 원의 플러스피가 생긴 것이다(물론 실제 2,000만 원이 들어오는 시기는 새 임차인의 잔금일이다).

기존 임차인의 보증금 1억 6,000만 원은 새 임차인의 잔금일인 4월

2일에 맞춰 보증금을 반환받고 이사를 한다(새 임차인의 잔금일인 4월 2일에 매도인, 기존 임차인, 새 임차인이 모두 부동산 사무소에서 만나 서류와 금전 정리를 한다). 집을 샀지만 내 돈 한 푼 들지 않았고, 오히려 2,000만 원의 수익을 남겼다. 물론 취득세와 중개보수는 들지만, 이 또한 남긴 플러스피에서 충당하면 되니 걱정이 없다.

▲ 디스코앱에서 주소 입력 후 조회한 실거래 내역

돈 없어도 얼마든지 투자할 수 있다

앞의 문정동 빌라 사례에서 보듯, 돈이 없어도 얼마든지 투자할 수 있다. 만약 여러분 중에 돈이 없다는 이유로 투자할 생각조차 못 하고 있다면 다시 생각해보길 바란다. 돈이 없는 건 사실이지만, 그 때문에 투자를 못 한다는 건 핑계다. 사실, 돈 많은 사람이 투자를 더 잘할 것 같지만 꼭 그렇지는 않다. 필자가 강의를 통해 여러 사람을 만나는데, 돈이 없음에도 열심히 투자하는 분들이 많다. 물론 이분들은 몇 년 후 자산이 더 불어 있으니 처음에만 돈이 없지, 나중에는 여유자금이 생겨 더욱 투자를 열심히 한다. 금수저가 아닌 이상 처음부터 돈이 많은 사람은 없다. 그러니 여러분도 힘을 내길 바란다.

돈이 아니라 의지로 사는 것

투자는 돈이 많고 적음의 문제가 아니라 의지의 문제다. 투자하고 싶은 분은 돈이 없어도 투자할 방법을 생각하지만, 투자를 꺼리는 분은 돈이 없다는 이유(핑계)로 투자를 멀리한다. 경기 탓을 하는 경우도 많고, 부동산 가격 탓을 하는 경우도 많다. 사실 경기가 안 좋은 상황을 따지자면 1997년 IMF 시절이 안 좋았으며, 2008년 미국발 서브프라임 모기지 사태가 터졌을 때 좋지 않았다. 더 과거로 가보면 6·25 전쟁 직후의 상황은 굉장히 좋지 않았다. 대다수 사람들은 이때 손을 놓고 있었지만, 발 빠른 투자자들은 전략을 세워 물건을 쓸어 담을 때였다. 돈이 없어도 투자한다는 의지, 경기가 좋지 않을 때가 더 호황이라는 믿음이 가미되면 시너지 효과는 배가 된다.

세계 최고의 부자는 가난한 나라 출신인 경우가 많다. 가난하다는 것은 돈이 없다는 게 아니라 돈의 중요성을 배울 수 있는 좋은 기회라는 것이다. 단돈 100원을 써도 허투루 쓰지 않는 법을 배울 기회다. 빚은 누구에게나 있다. 돈은 누구에게나 부족하다. 돈이 없어서 뭘 못한다는 생각은 핑계일 뿐이다. 그래서 경기가 나쁘다고 할수록 성공한 사람들에게 배워야 한다. 시시각각 변하는 트렌드 속에서 살아남은 그들의 노하우를 배워 부자의 대열에 들어서야 한다.

플러스프리미엄(플러스P) 투자란?

앞에서도 소개한 바와 같이, 매매가보다 전세가가 높은 투자(매매가 < 전세가)가 플러스피 투자다. 이 투자법은 돈이 없어도 계속해서 현금이 창출되는 투자 시스템이기에 적극적으로 권장한다.

플러스피 투자에서 가장 기본이 되는 것은 가장 저렴하게 매수하는 것이다. 적정 시세보다 20% 이상 급매물인지 파악하는 것이 중요하며, 특히 전세 시세를 정확하게 파악해 내가 원하는 가격으로 전세가를 맞출 수 있는지가 관건이다.

다음의 실거래 내역을 조회한 빌라들은 모두 플러스피 투자다. 좌측의 투자는 기존 세입자의 전세 보증금을 승계하고 나서 다시 전세보증금을 올려서 플러스피를 만들었으며, 우측의 실거래 내역은 매매 진행 중에 월세 세입자를 내보내고 플러스피 투자를 만들었다. 이렇듯 플러

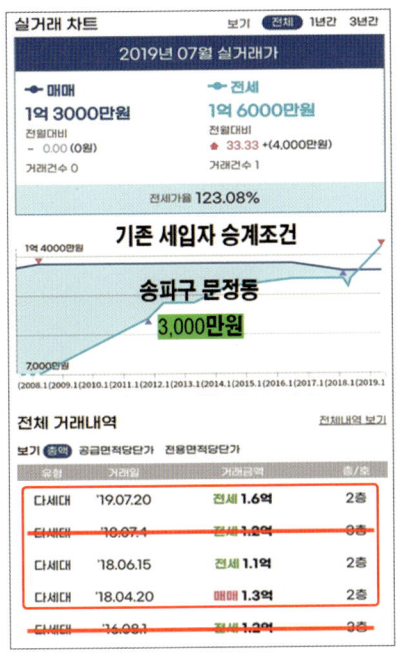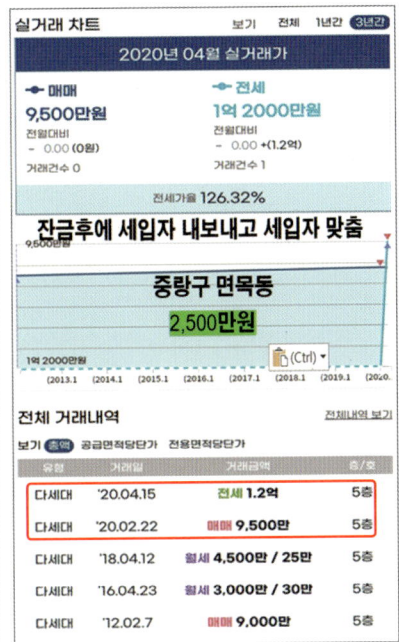

▲ 디스코앱에서 주소입력 후 조회한 실거래 내역

스피 투자는 어려운 것이 아니라 누구든지 쉽게 만들 수 있다. 다만 처음에는 머뭇거리거나 중개사무소의 편견에 맞서느라 수월하게 되지 않을 수도 있다. 하지만 몇 번 해본다면 결코 어렵지 않게 투자할 수 있을 것이다.

더불어, 여러분의 투자에 도움이 될 수 있도록 이 책에 빌라 투자 방정식(5가지 조건 + 3가지 툴)을 적어놓았으니 잘 활용해 플러스피 투자를 더욱 손쉽게 하길 바란다.

Plus tip 플러스피 투자 시 주의사항

1. 가장 저렴하게 사는 게 중요하다.
   (적정 시세보다 20% 이상 급매물인지 파악한다)

2. 전세가가 매매가보다 커야 한다.
   (역세권/주차장/알파공간/거실/인테리어+ 옵션 등)

3. 처음엔 전세가와 매매가가 같은 무갭투자로 해보자.
   (단, 향후 전세가 올릴 수 있는지가 중요하다)

4. 처음엔 어렵지만 나중엔 정말 쉽다.
   (전세가를 타협하기보다 전세가를 어떻게 올릴지를 고민하자)

5. 계속 현금이 창출되는 시스템을 만들어가자.
   (쌓이는 현금으로 노후주택 또는 현금이 발생되는 비주거용으로 투자하자)

취득세가 중과되지 않는 부동산

"다주택자는 취득세가 12%로 중과되는 거 아닌가요? 그래서 투자하기 겁나요"라고 묻는 분들이 많은데, 다주택자라고 매번 취득세가 중과되는 것은 아니다.

주택 취득세 중과제도

부동산에는 주택, 상가, 토지 등 종류가 매우 다양하고, 이런 부동산을 취득하면 취득세가 부과된다. 일반적으로 주택 외의 부동산은 해당 가액에 정해진 하나의 취득세율을 곱하는 방식이지만, 주택인 경우 가액에 따라 취득세율이 달라지며 해당 취득자의 주택 수에 따라서도 적용되는 취득세율이 다르다.

주택을 보면 6억 원 이하 주택 취득세는 1%, 6억 원 초과~9억 원 이하는 2%대, 9억 원 초과는 3%다. 하지만 다주택자에 대해 취득세 중과 제도가 시행되면서 세율이 달라진다. 먼저 규제지역에서 6억 원 이하 주택을 구입해 1주택자(일시적 2주택자 포함)가 되는 경우, 취득세는 가액의 1%지만, 2주택자는 8%, 3주택 이상은 12%가 부과된다(법인 명의로 취득하는 경우 1주택부터 12%의 취득세 부과). 여기에 지방교육세와 농어촌특별세가 더해지니 납부해야 할 세금은 더 올라가게 된다.

규제지역 취득세 및 부가세 현황

구분	취득세	지방교육세	농어촌특별세	합계
1주택	가액의 1~3%	0.1~0.3%	0.2%	1.6~3.6%
2주택	가액의 8%	0.4%	0.6%	9%
3주택 이상	가액의 12%	0.4%	1%	13.4%

다주택자에게는 취득세가 중과되어 결과적으로 취득가액이 높아지니 1주택자에 비해 부담스러운 게 사실이다. 법인 명의로 취득하려고 해도 법인은 1주택부터 취득세가 12%로 중과되니 부담스럽다. 사실, 다주택자가 주택을 추가로 취득하는 이유는 실거주보다 투자 목적이 클 텐데, 취득세 중과로 인해 취득가액에 높아진 꼴이면 투자 수익이 적어 투자의 매력이 떨어진다.

하지만 취득세 중과에도 예외가 존재한다. 바로 공시 가격 1억 원 이하의 주택은 취득세가 중과되지 않는다는 점이다(단, 도시및주거환경정비법상 정비구역 내 주택은 제외). 취득자가 무주택자이든, 다주택자이든, 법인이든 상관하지 않고 공시 가격 1억 원 이하의 주택은 모두 1%의 동일한 취득세를 적용받는다. 따라서 입지가 좋은 곳의 공시 가격이

1억 원 미만의 가치 있는 부동산은 투자 가치가 높으므로 눈여겨보면 좋다. 참고로 공시 가격은 '부동산 공시 가격 알리미(www.realtyprice.kr)'에서 해당 주택을 입력하면 알 수 있다.

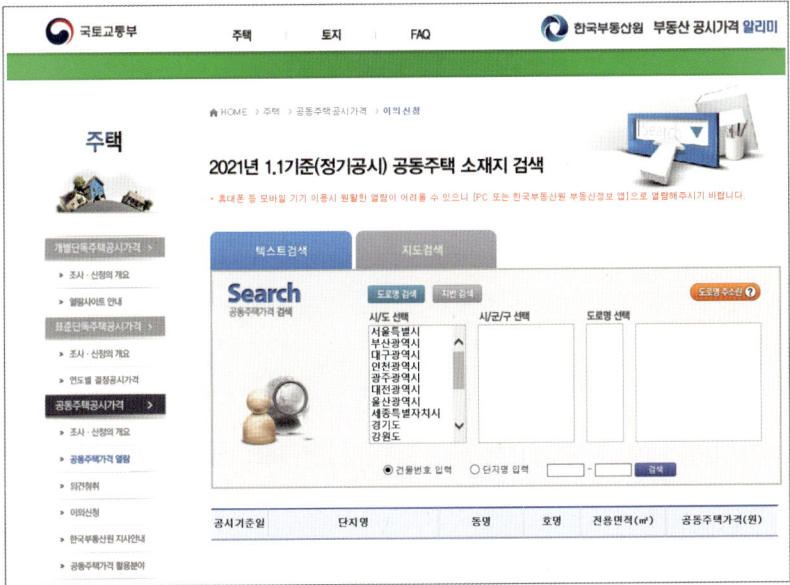

▲ '부동산 공시 가격 알리미' 홈페이지

▲ 공시 가격을 열람하면 공동주택 가격이 나온다(예시)

누가 꼭대기층이
안 나간대?

눈썰미 좋은 분들은 매매 계약서를 통해 보셨겠지만, 앞의 문정동 빌라의 경우 제일 꼭대기층에 위치한 501호를 매입했다. 1층은 필로티 구조로 주차장으로 사용 중이고 2~5층까지 빌라인데, 5층이 가장 높은 층이다. 해당 빌라에는 엘리베이터가 없어 계단을 걸어 올라가야 한다.

만약 누군가 여러분에게 이 빌라 매입을 권한다면 이런저런 이유를 들어 싫다고 했을지도 모른다. 그중 꼭대기층이라 싫다는 의견도 꼭 들어갔을 것이다. 전 소유자가 집을 매매로 내놓았지만 빨리 팔리지 않은 이유 중 하나도 이런 점 때문이었다. 덕분에 필자는 더욱 싸게 살 수 있었지만 말이다.

이 책을 읽는 여러분은 지금부터 곰곰이 생각해보자. 여러분의 빌라 투자 목적은 실거주인가? 투자인가? 필자가 보기엔 투자 목적인 경우가 더 많을 것이다. 그렇다면 다시 물어보자. 투자에서 수익을 내려면 어떻게 해야 할까? 1층과 꼭대기층은 안 사는 게 투자 수익을 내는 길일까? 그렇지 않다. 투자자인 우리에게 사지 말아야 할 부동산은 없다. 단지 사지 말아야 할 가격이 있을 뿐이다.

1층이든, 꼭대기층이든 산 가격보다 더 수익을 내고 팔 수 있으면 투자하는 게 맞다. 아무리 로열층이라 해도 산 가격보다 더 비싼 가격에 팔 자신이 없으면 애초에 투자를 하지 않는 게 맞다. 이처럼 투자 관점에서 접근을 해야 함에도 불구하고, 대다수 초보 투자자들은 본인이 들어가 살 것처럼 물건을 따진다.

심리를 파악하면 부동산 투자가 쉽다

투자자인 우리는 좋은 물건을 좋은 가격에 사는 게 관건이다. 그렇다면 어떻게 해야 저렴하게 살 수 있을까? 매도인은 한 푼이라도 비싸게 팔려고 하고, 매수인은 한 푼이라도 싸게 사려 하다 보니 가격을 흥정하다 계약이 깨지기도 한다. 그렇다면 어떻게 해야 매수인이 계약에서 우위를 점할 수 있을까? 그것은 바로, 매도인 스스로도 인정하는 단점이 존재해야 한다.

앞서 본 문정동 빌라는 엘리베이터가 없는 5층에 위치해 있어 매도인 스스로도 매수인이 적을 수 있다는 점을 이미 알고 있다. 그러다 보니 예상보다 집이 안 나가면 굉장히 초조해진다. 그런 타이밍에 매수인이 등장했는데, 이 또한 5층이란 이유로 가격을 더 깎아주길 거론하면 쉽사리 동의하는 경우가 많다. 이미 심리에서 밀린 탓이다. 이런 이유로 1억 8,000만 원에 나온 빌라를 최종적으로 1억 6,000만 원에 계약할 수 있었다.

자, 이번에는 임차인 입장에서 생각해보자. 5층이라 전세가 안 나갈까? 필자가 지금껏 수십 채의 빌라를 임대 놓아봤지만 5층이어도 전세가 잘 나간다. 그 이유는 다음과 같다.

1. 전세 물량이 부족하다

그 지역에 전세 물량이 부족해 층수를 가릴 수 있는 처지가 아니다. 역세권 근처의 입지 좋은 곳의 전세를 찾는 사람은 많지만, 물량이 턱없이 부족해 잘 나간다(좋은 층수도 남아돌 만큼 전세 물량이 넘쳐나는 지역이라면 주의해야 한다).

2. 층간소음에서 자유롭다

층수가 높으면 층간소음에서 자유롭다. 최상층이라 소음 걱정이 없고, 본인의 집 앞을 지나 계단을 오르락내리락하는 사람들의 발걸음 소리가 없으니 조용한 생활이 가능하다.

3. 임차인이 대부분 20~30대라 계단을 기피하지 않는다

역세권 근처 빌라를 임차하는 사람들은 대다수 20~30대로 대학생, 사회 초년생 직장인, 신혼부부 등이다. 이들은 젊기에 계단을 두려워하지 않는다. 어떤 분은 일부러 운동할 필요 없어 좋다고 긍정적으로 봐주시기도 한다.

4. 사생활 보호가 잘된다

대학생이나 사회 초년생 직장인들이 처음에는 혼자 살 목적으로 집을 구하지만, 일정 시간이 지나면 연인과 같이 사는 경우가 굉장히 많다. 집값 비싼 서울에서 두 집에 거주하느니 한 집에서 거주하면 집값을 아낄 수 있다는 전략에서다. 그런데 이들에게 불시에 찾아오는 부모님의 방문은 간담을 서늘하게 한다. 그래서 어떤 분은 일부러 계단이 많은 빌라의 높은 층을 선호한다고 말했는데, 무릎 관절로 인해 계단을 기피하는 부모님을 배려(?)한 나름의 자구책이었다.

이러한 4가지 이유로 계단 없는 5층이어도 전세가 잘 나갔다. 그러니 여러분도 선입견을 버리고 투자에 임했으면 한다. 다만, 꼭대기층은 지붕과 천장이 맞닿아 있는 만큼 아래층에 비해 누수 확률이 높다. 집을 매입하기 전, 누수 여부를 꼼꼼히 따져 매입하면, '전세가 나가지 않으면 어떻게 하지…' 하는 걱정은 붙들어 매도 좋다.

Plus tip 빌라 플러스피 투자 원칙

1. **적은 투자 비용** : 갭투자 가능, 원룸과 투룸은 플러스피도 가능. 가전제품 및 가구 옵션과 수리는 필수다.

2. **역세권** : 역에서 반경 500m 이내(도보 10분 이내)를 찾는다.

3. **노후빌라는 대지 지분 투자다** : 일반적인 빌라 투자의 개념으로 접근하지 말자. 공시지가를 확인하고, 서울의 경우 인근의 단독주택 평당 가격과 비교해 단독주택 시세보다 더 저렴하게 사는 것이 좋다.

4. **서비스 면적이 중요하다** : 베란다, 발코니, 다락방 등 서비스 면적의 유무가 중요하다. 주차가 수월해야 집이 잘 나간다.

5. **가격이 무조건 싸야 한다** : 방향이 좋지 않거나, 불법 확장 여부는 크게 개의치 않는다. 이런 점은 싸게 살 수 있는 포인트가 될 수 있다.

PART
02

편견을 버려야 투자가 잘된다

감정가 7,300만 원 빌라가
1억 3,800만 원에 낙찰된 이유

2020년 10월, 서울 양천구 신월동에 위치한 감정가 7,800만의 빌라가 경매에 등장했다. 해당 빌라는 1987년에 완공된 건물로, 지은 지 34년이 된 노후빌라였다. 게다가 경매 나온 호수는 지하 1층에 있는 B01호로, 건물면적이 약 11평인 방 두 개 구조의 좁은 곳이었다. 전철역에서 도보 30분이나 떨어져 있을 정도로 역세권과는 거리가 먼 곳이다. 해당 빌라의 전세 보증금이 2,500만 원인 것만 봐도 이 빌라의 환경이 얼마나 열악한지 짐작이 간다.

이 경매 사건을 여러분이 봤다면 어땠을까?

'헉, 어느 누가 미쳤다고 지은 지 30년이 넘은 지하 1층 빌라를 사? 그것도 전철역이 코빼기도 보이지도 않는 곳에 있는 방 두 개짜리 빌라를 말이야.'

아마 이런 생각이지 않았을까? 다들 같은 생각이었는지 해당 빌라는

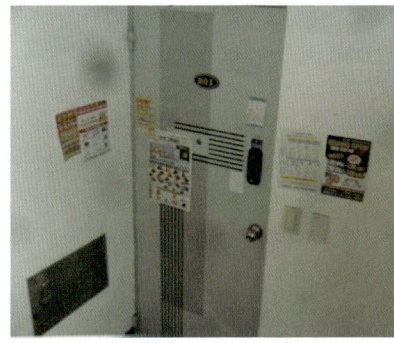

▲ 경매 나온 빌라의 모습(B01호로 반지하다)

1차(신건)에서 유찰이 되어 5,840만 원으로 가격이 떨어진 후, 한 달 후 2차 경매 기일이 잡혔다.

이 빌라의 운명이 어떻게 되었을까? 2차에서 간신히 낙찰이 되었을까? 아니면 또 다시 유찰이 되었을까? 해당 기일, 낙찰 결과가 발표되자 법원 안이 술렁거렸다. 낡은 이 빌라에 무려 36명의 입찰자가 몰리며 약 1억 3,800만 원에 낙찰된 것이다. 혹자는 입찰가를 잘못 쓴 것 아니냐고 생각할 수 있지만, 해당 낙찰자는 잔금을 유유히 내며 소유권을 취득했다.

▲ 경매 낙찰 결과 내역

어떻게 이런 결과가 나왔을까? 바로 이 빌라에 숨은 매력이 있었기 때문이다. 먼저, 이 빌라가 위치한 주변의 시세를 알아보자. 해당 빌라와 유사한 면적의 주변 빌라 시세를 알아보니 반지하층이 2억 1,000만 원에 형성되어 있다(두 달 후엔 2억 5,000만 원까지 올랐다). 3층에 위치

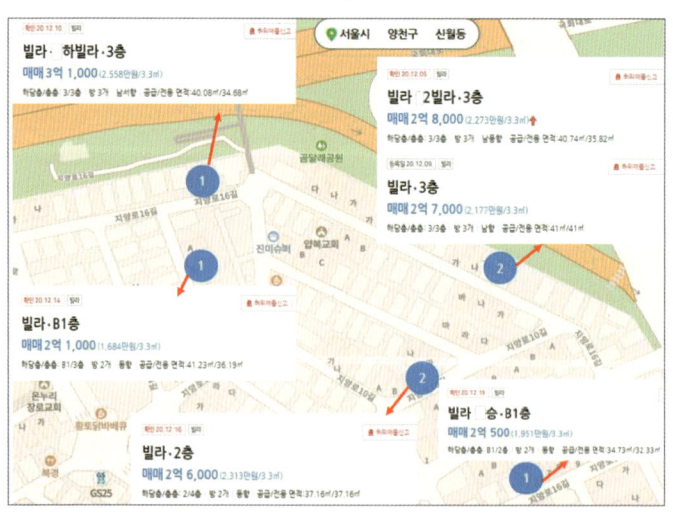

▲ 주변 빌라 시세 가격

한 빌라는 2억 8,000만 원에서 3억 1,000만 원까지 시세가 형성되어 있었다.

따라서 감정가 7,800만 원은 시세에 비해 턱없이 낮은 금액이었던 것이다. 경매 감정평가는 경매 개시결정 후 이뤄지는데, 매각기일까지는 보통 6개월 이상 소요되므로 그사이 얼마든지 시세가 변할 수 있다. 그렇다면 왜 이렇게 단기간에 시세가 많이 올랐을까? 그것은 바로 해당 지역이 공공재개발로 신청이 가능한 곳이기 때문이다.

투자 전, 지역의 노후도를 보자

공공재개발이 진행된다는 뜻은 그 지역 일대의 건축물이 매우 노후화되었음을 의미한다. 그렇다면 해당 지역의 건물들 노후도가 어느 정도인지 어떻게 알 수 있을까? 바로 부동산 플래닛(www.bdsplanet.com) 홈페이지에서 검색이 가능하다.

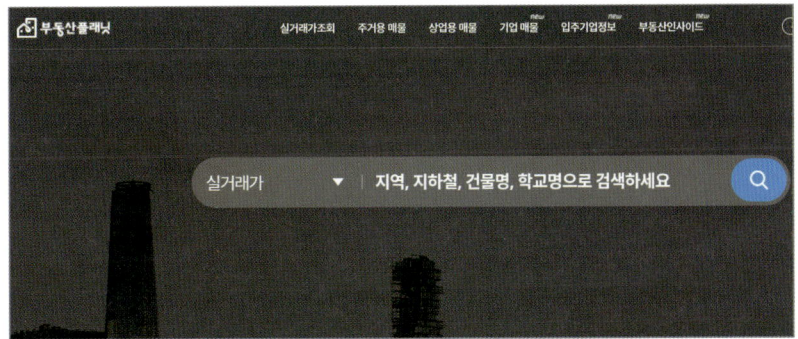

▲ '부동산 플래닛' 홈페이지

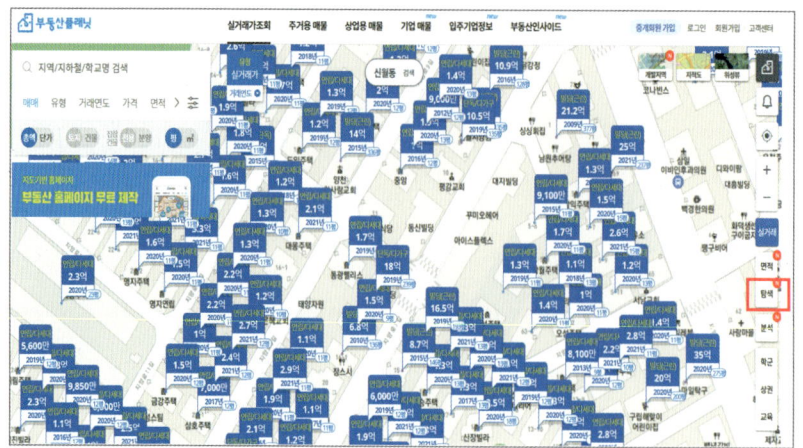

▲ 주소를 입력하면 인근 지역까지 실거래 가격이 나온다

  홈페이지에 해당 지역의 주소를 입력하면, 인근 지역까지 실거래 가격이 나와 편리하게 가격 추이를 가늠할 수 있다. 또한 화면 우측에 있는 '탐색' 버튼을 누르면 해당 지역의 노후도가 색깔로 표시된다. 참고로 건물이 최신식일수록 푸른빛에 가깝고, 오래된 연식일수록 붉은빛에 가깝다.

▲ 경매 나온 빌라가 위치해 있는 지역 노후도

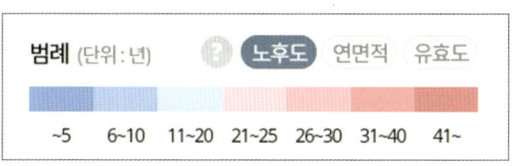
▲ 노후도에 따른 색 표시 차이

경매 나온 빌라가 포함된 이 지역의 노후도를 살펴보면 대부분 붉은 색으로 뒤덮여 있어 30년 이상 된 건물이 매우 많이 분포되어 있음을 알 수 있다. 따라서 이곳은 공공재개발 선정 가능성이 매우 큰 곳이라 단기간에 가격이 올랐다. 선정되면 아파트 입주권이 나오기 때문이다.

참고로 공공재개발은 한국토지주택공사(LH), 서울주택도시공사(SH) 등 공공시행자가 참여해 용적률 상향, 인허가 간소화, 분양가 상한제 적용 제외 등 각종 인센티브를 준다. 대신 조합원 몫을 제외한 나머지 주택의 50% 이상을 공공임대나 공공지원 민간임대, 지분형 주택 등으로 공급하기에 주거복지에도 기여할 수 있다. 공공재개발 사업지로 확정되면 개발 시간과 리스크를 줄일 수 있는 만큼 투자자 입장에서도 어느 곳이 선정될지 관심이 많다.

감정가 8,700만 원 빌라가
2억 2,100만 원에 낙찰된 사연

앞에서 이야기한 신월동 빌라와 같은 사례는 또 있는데, 2021년 1월에 경매 진행된 서울 강북구 번동에 위치한 빌라다. 감정가 8,700만 원의 이 빌라는 신건에 46명의 입찰자가 몰리며 2억 5,000만 원에 낙찰

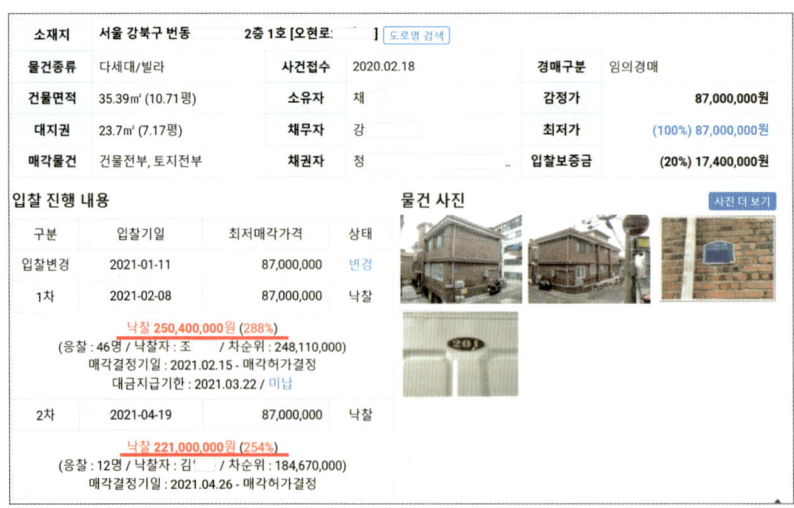

▲ 경매 낙찰 결과 내역

되었다가 잔금 미납으로 다시 재경매가 진행되어 2억 2,100만 원에 다시 낙찰되었다.

이 빌라가 감정가보다 높게 낙찰된 이유는 이미 인근 비슷한 면적의 시세가 2억 5,000만 원에서 2억 9,500만 원에 달하기 때문이다. 단기간에 가격이 많이 오른 이유는 앞선 신월동 빌라와 마찬가지로 공공재개발 지역으로 선정될 가능성이 매우 크기 때문이었다. 이를 확인하기 위해 '부동산 플래닛' 사이트에서 해당 지역을 입력하면 붉은빛에 가깝게 뒤덮여 30년 이상 노후 주택이 많음을 알 수 있다.

▲ 인근 빌라 시세 내역

▲ '부동산 플래닛'에 표시된 노후도

 따라서 이렇게 노후한 주택 및 빌라가 많이 포진된 곳은 단순히 빌라 투자라 여기지 말고 토지 투자(대지권)의 개념으로 접근하는 게 좋다. 사실, 건물의 연식은 30년이 넘어 매우 낡았다. 어떤 분은 낡은 건물을 보고 기겁하는 경우도 있는데, 건물의 잔존가치는 0으로 보고, 그 빌라가 보유하고 있는 대지권 면적을 확인해 토지 투자의 개념으로 접근하면 된다. 이런 곳의 빌라 중 대지 지분은 많은데 건물이 낡았다는 이유로 급매로 나오는 경우도 간혹 있다.

감정가를 맹신하지 말자

 초보자가 임장할 때 가장 많이 하는 실수 중의 하나가 시세를 잘못 파악하는 것이다. 빌라는 평형대, 입지 조건, 노후도, 대지 지분, 개발지 포함 여부 등 가격을 결정하는 요소가 많아 어설프게 임장하면 원하는 답을 구하지 못하는 경우가 많다. 따라서 될 수 있는 대로 여러 곳의 부동산 중개사무소를 방문해야 하며, 실제 거주하는 지역민들과의 접촉도 빠뜨려서는 안 된다. 아파트의 경우, 같은 단지 내에 있더라도 동별 방향, 층수, 위치 등에 따라 가격 차이가 나는 곳이 많으니 비슷한 조건의 대상을 비교 대상으로 삼아야 한다.

 더불어 반드시 동일 면적의 시세 파악을 해야 한다. 실제로 어떤 분은 옆 단지 25평의 시세를 경매 물건인 34평에 적용해 유찰되기를 기다리다가 결국 입찰도 해보지 못하고 끝난 적도 있다. 이런 실수를 하지 않으려면 해당 등기사항전부증명서의 전유면적을 확인한 후, 정확한 시세를 조사해야 한다. 간혹 같은 동임에도 평형대가 다른 면적이 섞여 있기 때문이다.

감정가는 참고만, 정확한 시세 조사하기

앞서 경매 감정가를 맹신하면 안 된다고 이야기했다. 경매 개시가 결정된 후로부터 매각기일까지는 최소 6개월 이상 시간이 소요되기에 그 사이 얼마든지 시장의 분위기가 달라질 수 있다.

중개사무소를 방문할 때 진짜 손님인 척하고 가격을 묻는 경우가 많은데, 사실 사장님은 어느 정도 눈치를 채고 있다. 좋은 물건이 경매로 나오면 시세 파악을 위해 매도자인 척, 매수자인 척 연기를 하며 수많은 사람들이 중개사무소를 다녀간다. 그러므로 괜한 척하지 말고 미리미리 방문해 "경매로 인해 시세를 여쭙습니다"라고 솔직히 말하는 편이 낫다. 가는 길에 음료수 한 박스 사가면 더 좋다. "낙찰받으면 꼭 소장님께 물건 내놓겠습니다"라는 말도 빼놓지 말자. 하지만 이렇게 얻은 정보를 맹신하지는 말자. 사장님도 그 물건에 관심을 두고 있을 수 있으므로 될 수 있는 대로 여러 곳의 중개사무소를 방문해 의견을 듣고, 스스로 확신이 설 때까지 서로 비교하면서 체크하는 게 좋다.

부동산,
가격보다 가치를 보자

부동산 투자를 하는 우리는 한 푼이라도 싸게 사고 싶고, 팔 때는 한 푼이라도 더 받고 싶다. 이는 인간의 자연스러운 본능이다. 다만, 본능에 너무 집착하면 좋은 물건을 놓칠 수도 있으니 주의해야 한다. 부동산은 가격도 중요하지만, 그 이면의 가치에 더 집중해야 한다. 부동산의 가치는 부동산의 자연적·물리적 특성에서 비롯된다.

부동산의 3대 특징

1. 부동성

부동산은 특성상 고정되어 있을 뿐, 움직이지 않아 투자자인 사람이 움직이면서 현장을 조사해야 하는데, 이를 임장 활동이라고 한다. 부동산은 외부의 영향에 따라 가치가 달라지는데, 특이한 것은 집값이 오르더라도 모든 지역이 동반 상승하는 것은 아니라는 점이다. 일정 지역에 한정되어 부동산값이 오르는데, 이는 국지성이라고 한다. 이러한 부동성·국지성 때문에 부동산에서는 입지 가치가 매우 중요하다. 통상 집값의 70%는 가구 수, 브랜드 등 개별 요인이 아닌, 지역적 특성인 입지 요인에 의해 좌우된다. 주거 입지를 결정하는 요인으로는 대중교통망 체계, 교육·문화 시설, 환경 조망의 쾌적성 등이 있다.

2. 부증성

부동산은 생산비를 투입하더라도 물리적 절대량이 증가하거나 재생산되지 않는다. 이는 지가 상승 등 부동산 문제가 발생하는 근본적인 원인이 된다. 수요·공급에 의해 가격이 결정되는 시장 원리가 통용되지 않는다는 점에서 부동산은 미술품, 골동품, 석유 등과 함께 희소가치가 높은 상품이다.

3. 영속성

부동산은 오래 사용하거나 시간이 경과된다고 해서 소모·마멸되지 않는다. 특히 토지는 감가상각이 배제되고 수익성 및 유용성이 영속적이다. 토지의 가치 보존력이 우수한 것도 영속성 때문이며, 이는 미래가치와 밀접한 관련이 있다. 재건축·재개발과 신도시의 미래가치가 높은 것도 이러한 이유에서다.

가치가 오를 수 있는 물건이 최고!

부동산에서 가격과 가치는 존재하며, 비례하지는 않는다. 어떤 부동산의 가치가 높으면 그 부동산의 가격은 비쌀 수밖에 없다. 하지만 가격이 비싸다고 해서 가치도 높은 것은 아니다. 따라서 좋은 부동산이란, 가치는 높은데 가격은 높지 않은 것이다. 하지만 이렇게 저평가된 물건을 쉽게 발견할 수는 없다. 안목이 높아야 하고 발품을 팔아야 한다. 게다가 운도 따라주어야 한다.

진정한 시세차익을 거두려면 가치가 오를 수 있는 물건에 투자해야 한다. 가치가 오른다면 가격은 당연히 오르는 것이고, 기회비용과 물가 인상률을 제외하고도 상당한 수익을 달성할 수 있다. 지금부터 5년, 10년 후에도 공급보다 수요가 많은 부동산이 무엇인지 스스로 연구하고 분석해보자. 리모델링을 통해 가치를 높일 수 있거나, 개발을 통해 가치를 배가시킬 수 있거나, 또는 임대료가 꾸준히 상승하는 수익형 부동산 등 가치가 증가할 수 있는 부동산은 아직도 많다. 지금부터라도 가격보다는 그 가격 뒤에 감춰진 가치에 투자하자.

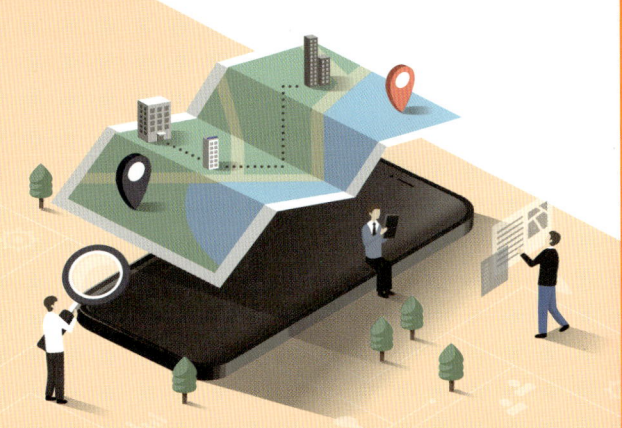

PART
03

고정관념에서 벗어나면 수익이 보인다

오히려 지금이 적기다

 2021년 2월 4일에 '공공주도 3080 대도시권 주택 공급 획기적 확대 방안'이 발표되었다. 발표의 주요 내용은 정부·지자체·공기업이 주도해 2025년까지 서울 32만 호, 전국 83만 호 주택 부지를 추가 공급하는 방안이다. 공공이 직접 시행하는 방식이다 보니 건설 기간이 획기적으로 단축되는 효과가 있다. 또한 도시 규제를 완화해 용도 지역을 변경해 용적률을 상향하고 기부채납 부담을 완화하는 효과가 있다. 공공시행을 전제로 재건축 초과이익부담금이 부과되지 않는 점도 장점이다.

 다만 2·4 대책 발표일 이후 공공주택 복합사업 구역 내 부동산을 취득하는 경우에는 아파트 및 상가의 우선공급권을 미부여하고 현금 청산 대상으로 추진하는 방안이 발표되면서, 빌라 시장의 매수세가 주춤하고 있다. 그러나 필자는 크게 개의치 않는다. 한쪽을 누르면 다른 한쪽이 부풀어 오르는 풍선 효과처럼, 실제 2·4 대책 발표 이후 빌라 매수세가 꺾이면서 실거주로 아파트로 수요가 다시 몰려 아파트 가격이 상승하는 분위기가 조성되었다. 이처럼 아파트 가격 상승세가 지속되면 정부는 빌라 규제를 손볼 수밖에 없을 것이다.

또한 규제가 지속되더라도 이는 도심공공주택 복합사업구역과 공공직접시행정비사업에 적용되는 규정이다. 공공재개발 및 민간재개발은 상관없으니 이런 곳에는 여전히 수요가 많다고 볼 수 있다. 결과적으로 2·4 대책으로 인해 저렴한 빌라 매수 타이밍이 온다고 여긴다. 생각해보자. 공공이든, 민간이든 어떤 방식이건 개발을 진행하면 남은 서울 땅(대지)의 가치는 희소해진다. 게다가 지역주택조합·가로주택정비사업·자율주택정비사업 등도 진행하므로 남은 도심 땅은 더욱 부족해진다. LH와 SH 등 공공기관은 꾸준히 매입 임대주택을 추진하고 있다. 여기에 은퇴 수요 증가로 투자자 수요는 더욱 증가하고 있다.

투자, 한발만 빠르면 된다

결론적으로 서울 땅은 부족해지는데 그동안 투자자가 늘어나 가격이 고공행진했다. 그런데 2·4 대책으로 투자자의 심리가 주춤하고 있다. 현금 청산의 두려움으로 역세권 및 중공업 지역에도 거래절벽이 왔다. 미래 가격 정체와 가격 하락의 두려움으로 선뜻 나서길 꺼려 가격이 조정받고 있다. 따라서 진정한 투자자라면 지금이 적기다. 남이 사려고 몰릴 때는 팔고 나올 때이고, 남이 꺼리고 쳐다보지 않을 때는 싸게 살 수 있는 기회다. 소문난 잔칫집에 먹을 것 없듯, 소문난 투자처는 이미 너무 올라 먹을 게 없다. 투자는 남들보다 한발만 빠르게 행동하면 된다. 남들이 쳐다보지 않을 때 미리 진입하는 전략은 투자할 때 굉장히 중요한 포인트다.

현장 분위기를
직접 알아야 한다

2·4 대책으로 인해 빌라의 거래량이 떨어지고 가격이 많이 하락할 것이라 예상해 많은 사람들이 투자를 꺼리고 있다. 하지만 이는 기우일

▲ 2·4 대책 이후에도 별 영향을 받지 않는 현장 분위기를 전하고 있는 뉴스
출처 : 파이낸셜뉴스

뿐이다. 서울의 빌라 밀집촌인 몇몇 지역에 가서 현장 분위기를 직접 체감해보면 2·4 대책에 관심이 없는 지역이 많다.

우선 재건축·재개발의 정비사업이 이루어지려면 어떤 방식으로 사업을 진행할지 선택을 해야 한다. 사업 진행 방식은 총 3가지로 조합 주도의 민간정비사업, 8·4 대책 때 내놓은 공공정비사업, 이번 2·4 대책에서 말한 공공직접시행정비사업 방식이다. 정부는 2·4 대책 이후 빌라를 매수했다가 공공개발지로 지정되면 우선공급권을 부여하지 않고 현금 청산하겠다는 발표를 내놓았는데, 실제 지역 주민들은 이에 무반응인 곳이 많다. 재개발을 원하는 주민들의 수요가 적은 것이다. 신축 빌라들이 지속해서 들어서기 때문에 노후도 요건도 충족이 안 되고, 소방 도로도 나 있고 주변 인프라도 다 갖춰져 주민들이 재개발 필요성을 못 느끼는 것이다.

또한 서울의 많은 지역들이 오래전부터 아파트를 대체하려는 빌라 실수요자들로 시장이 형성되었고, 부지가 작은 곳은 재건축·재개발 요건을 맞추기 힘들어 애초부터 공공이든 민간이든 재개발에 대한 관심이 없다. 이런 곳은 대책과 상관없이 빌라 소유주와 실수요자 간 매매가 정상적으로 이루어지고 있다. 또한 개발 가능한 부지라도 노후도 비율이 2/3를 넘어야 하고, 토지주 2/3 이상이 동의할 경우에만 공공개발이 가능하다. 게다가 주민 1/3 이상이 현금 청산에 반대하면 공공직접시행 방식의 진행이 어렵다. 따라서 자력으로 민간재개발이 가능한 곳은 공공이 할 이유가 없다. 실제 빌라 소유주들은 "급할 게 없다"고 말하는 사람도 많다.

그러므로 단지 2·4 대책 발표로 빌라 투자하기 겁난다고 지레 포기하지 말자. 앞서 말했듯, 남들이 그런 생각을 가질 때 우리는 더욱 투자에 나서야 한다. 경쟁자가 적으면 그만큼 좋은 가격에 매수할 수 있는 기회이기 때문이다.

Plus tip 공공재개발 / 공공직접시행정비사업 비교

구분	공공재개발	공공직접시행
사업 주체	서울시	국토교통부(중앙정부)
시행자	조합 + 공기업 공동 시행 (희망 시 공기업 단독 가능, 업무위탁)	공기업 단독 시행
사업 시행 방식	관리처분 방식 (의사결정권한·토지 등 소유자)	공기업 직접 시행
토지소유권 및 부지 확보 방식	토지 등 소유자 소유권 유지 (이주·철거 시 조합에 신탁)	수용(현물 선납)
수익 분배 방식	일반분양 수익 : 조합원의 몫	모든 수익과 비용 운용은 공기업에서 맡고, 현물 선납자에게 사후정산
사회 기여 방식	용적률 완화로 증가하는 세대의 50%, 전 세대의 20% 임대주택 의무화	공기업(시행자) 결정사항 (공공분양 70~80%, 공공임대 20~30% + 생활편의시설 등)
분양 방식	일반분양	공공분양
투기 방지 대책	• 권리산정일(20. 9. 21) • 토지거래허가구역 지정 • 현금 청산 없음	• 권리산정일(21. 2. 4) • 토지거래허가구역 지정 • 2021년 6월 30일 이후 매매 시 현금 청산

Plus tip 민간재축/공공재건축/공공주도재건축 비교

구분		민간재건축	공공재건축 (2020.8.4.대책)	공공주도재건축 (2021.2.4. 대책)
사업 주체		조합	조합+공기업	공기업
사업 절차		조합 + 관리처분 방식	조합 + 관리처분 방식	공기업 단독 + 현물선납 방식
적용 규제	재건축 부담금	O	O	X
	2년 의무거주	O	O	X
	재건축초과 이익 환급	O	O	X 토지거래허가구역지정
	분양가상한제	해당	해당	면제
	2년 의무 거주 안 할 경우 (투기과열지구)	폐지 (재건축 조합원 2년 의무거주 방안 백지화)	폐지 (재건축 조합원 2년 의무거주 방안 백지화)	해당사항 없음
개발 인센티브	용적률	법적상한	300~500%	최대 500%
	층수	35층	50층 가능	50층 가능
	임대 주택공급	의무사항은 아니나, 기부채납으로 임대를 조건으로 하고 있음	증가용적률의 25% 이상	전체 가구수의 5~10%
수익구조		조합원분양을 뺀 일반분양	용적률 상향으로 분양 수익 증가	민간재건축 방식보다 10~30% 포인트 증가 (정부계획)
시공사 선정		1군 브랜드 선정 가능	1군 브랜드 선정 가능	1군 브랜드 선정 가능
사업 기간		13년 이상	구역 지정 ~ 관리처분까지 5년	구역 지정 ~ 관리처분까지 5년

구분	민간재건축	공공재건축 (2020.8.4.대책)	공공주도재건축 (2021.2.4. 대책)
장점	• 조합원 자체 의사로 사업 진행 가능 • 기부채납 등이 없어 사업수익 온전히 조합원 몫 • 고급화 가능	• 개발인센티브로 이전보다 일반분양 물량 증가 • 공공지원으로 빠른 사업진행	• 개발 인센티브, 조합원 추가수익 보장 • 재건축초과이익환수제, 조합원 의무거주 등 규제 제외 • 공공 직접 시행으로 빠른 사업 진행
단점	• 재건축초과이익환수제, 조합원 의무거주, 분양가 상한제 등 규제 적용 복잡한 절차, 조합원 의견 차이 등 더딘 사업 진행	• 재건축초과이익환수제, 조합원 의무거주, 분양가 상한제 등 규제적용 • 개발이익 환수 등으로 사업 수익성 제한, 품질 불신	• 소유주 직접 시행 선택 시 소유권 이전(현물 선납 및 수용방식) • 조합원 의사 반영 제한 • 개발이익 공유 • 품질 불신 • 2021년 6월 30일 이후 매매 시 현금 청산

남들과 다르게 생각해야 돈을 번다

사람들은 구축보다는 신축을 좋아하며, 빌라(다세대주택)보다는 아파트를 좋아한다. 하지만 이런 고정관념에 빠져 있으면 진정한 수익을 내기 어렵다. 우리는 수익을 내기 위해 부동산 투자를 하지, 신축·아파트만을 사기 위해 부동산 투자를 하는 것도 아니기 때문이다. 부동산 투자를 할 때 노후빌라가 신축빌라보다 가치가 높은 경우도 많다. 또한 돈이 있어야만 투자할 수 있는 것이 아니다. 돈 없어도 얼마든지 투자가 가능하다.

필자가 여러 강의를 하면서 많은 회원들을 만나는데, 공통된 이야기를 하는 분들이 있다. 그들의 대표적인 하소연은 다음과 같다.

> 1. 저는 다주택자라 투자할 수가 없습니다.
> 2. 취득세 중과세가 무서워 투자 안 합니다.
> 3. 종합부동산세(종부세)가 무서워 투자 안 합니다.
> 4. 양도소득세 중과가 무서워 투자 안 합니다.
> 5. 주식회사(투자 법인)로 무슨 투자가 됩니까?
> 6. 공동 투자. 그거 못 믿어서 어떻게 합니까?
> 7. 요새 누가 단타로 거래하나요?

1. 다주택자라 투자할 수가 없다?

누구도 여러분이 다주택자이니 투자하지 말라고 하진 않았다. 스스로 그렇게 생각할 뿐이다.

2. 취득세 중과세가 무서워 투자 안 한다?

공시 가격 1억 원 미만 주택은 다주택자라 하더라도 취득세가 중과되지 않는다. 서울에 그런 곳이 어디 있냐고 묻고 싶다면, 어서 찾아보길 바란다. 지금도 많은 주택이 남아 있다.

3. 종합부동산세(종부세)가 무서워 투자 안 한다?

종합부동산세는 인당 부과되는 과세이며, 인당 6억 원까지는 공제가 된다. 이는 세대 간 합산이 되지 않으므로 각자 명의를 달리하면 얼마든지 종부세를 안 낼 수 있다. 예를 들어 부부+자녀 두 명인 경우, 등기 명의를 달리하거나 각각 1/4씩 소유하는 식으로 등기를 하면 총 24억 원까지 종합부동산세가 과세되지 않는다.

4. 양도소득세 중과가 무서워 투자 안 한다?

개인의 경우 양도세가 중과되지만, 법인은 양도세가 중과되지 않는다. 그러므로 얼마든지 법인 명의로도 투자할 수 있다(물론, 법인의 장단점을 정확하게 인지해야 한다).

5. 주식회사(투자 법인)로 무슨 투자가 되나?

아직도 법인 투자를 하지 않고 있다면 꼭 해보길 바란다. 법인은 1주택부터 취득세가 중과되지만, 이 또한 공시 가격 1억 원 미만은 해당하지 않으므로 얼마든지 적은 금액으로 투자할 수 있다. 또한 양도소득세 중과가 되지 않는 점은 큰 장점이다. 실제 근래 주택 경매 낙찰 결과를 보면 법인 명의 낙찰자가 많이 보인다.

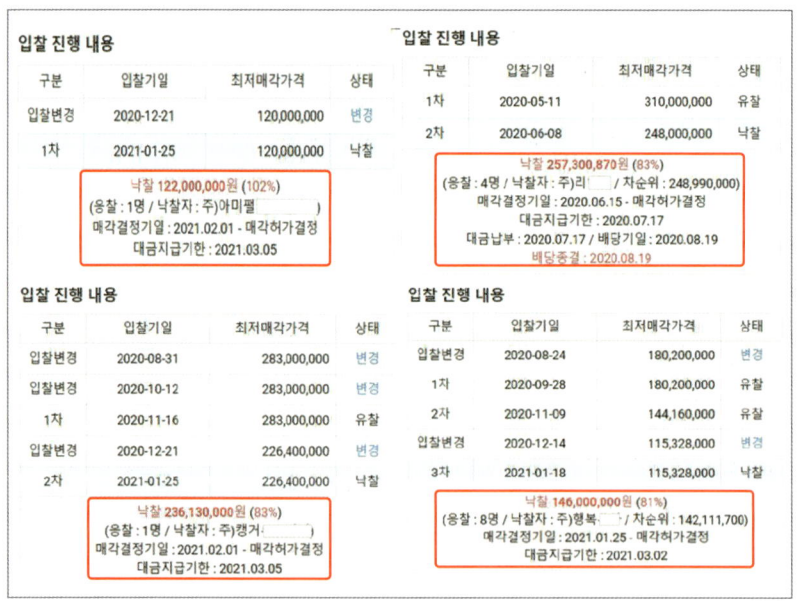

▲ 경매 낙찰 결과를 보면 법인 명의 낙찰자가 많이 보인다

다만 법인 재산의 종합부동산세 과세 시 공제금액이 전혀 없어 규제 지역에서 1주택을 소유한 법인은 3%, 2주택 이상 소유 법인은 6%의 종합부동산세가 과세된다. 이런 점이 부담스러워서 법인 투자를 꺼리는 분도 있는데, 필자는 그렇지 않다. 우선 법인을 여러 개 만들어 법인당 한 개의 부동산을 소유하면 3%의 종합부동산세가 부과된다. 예를 들어 1억 원의 주택(공시가격)이라면, 300만 원의 종합부동산세가 부과되는 식이다. 물론 적은 금액은 아니지만, 주택 값이 오르는 것에 비하면 미미하다. 이런 이유로 필자는 매년 3% 이상 오를 자신이 있는 주택은 법인 명의로 보유하고 있다.

6. 공동 투자, 그거 못 믿어서 어떻게 하나?

공동 투자를 잘 활용하면 투자의 폭을 훨씬 넓힐 수 있다. 물론 사람과 사람이 만나는 일이라 그 사이에서 분쟁이 일어날 소지도 있지만, 필자가 공동 투자를 해본 결과, 그런 문제가 매번 발생하는 것은 아니다. 따라서 공동 투자에 앞서 주의할 점만 잘 파악한다면, 공동 투자를 통해 훨씬 많은 기회를 얻을 수 있다.

> **공동 투자 시 체크 포인트**
> - 뜻이 맞는 투자자와 같이하자.
> - 등기 명의에 신경 쓰자.
> - 투자에 참여하는 인원은 적을수록 좋다.
> - 세금 부담도 감안하자.

7. 요새 누가 단타로 거래하나?

2021년 6월 1일부터 2년 미만 보유 주택 거래에 관해 양도소득세율이 달라졌다. 1년 미만은 77%(지방소득세 포함), 1년 이상 2년 미만은 66%(지방소득세 포함)이며, 2년 이상인 경우 일반세율을 적용받는다. 따라서 1억 원에 사서 6개월 만에 2억 원에 팔았다면 세금으로 7,700만 원 정도를 내야 하니 재테크한 보람이 없어진다. 이런 이유로 단타하기 어렵다고 하소연한다. 하지만 이 또한 해결 방법이 있다.

① 우량 부동산이라면 2년 이상 보유하는 전략으로 가자. 그사이 가격 상승까지 더해지면 낮은 세율을 적용받으면서 시세차익도 더 누릴 수 있다.
② 보유하다가 떨어질까 봐 걱정된다면 처음부터 법인 명의로 구입해보자. 공시 가격 1억 원 미만은 취득세가 중과되지 않으니 법인 명의로 사도 불이익이 없다. 또한 법인은 단기간에 팔아도 법인세 10%, 추가 과세 20%만 부과되니 개인 명의로 단기 매매할 때보다 40% 이상의 절세 효과가 있다.

결과적으로 부동산 규제가 날로 심해져 투자를 할 수 없는 게 아니라, 여러분이 방법을 못 찾아서 못하는 것뿐이다. 투자 고수들은 부동산 규제를 지키면서 '어떻게 하면 합법적인 거래를 할 수 있을까?'를 고민한다. '그래서 내가 안 하는 거야'와 '그럼에도 불구하고 나는 할 수 있는 방법을 찾은 거야'는 하늘과 땅 차이다. 여러분은 과연 어느 쪽인지 생각해보길 바란다.

공동 투자,
투자의 기회를 넓힌다

"공동 투자가 좋아요? 개인 투자가 좋아요?"

수강생들에게 많이 받는 질문이다. 결론부터 말하자면 둘 다 장단점이 있다. 만약 돈이 무한정 많다면 개인 투자를 할 것이다. 실력이 있어 물건 보는 눈이 있고, 해법을 알고 있으니 굳이 다른 사람과 공동 투자를 할 이유가 없지 않은가! 하지만 모든 사람들이 무한정 돈이 있는 게 아니다. 자본은 한계가 있는데 좋은 물건은 넘쳐나니 공동 투자를 하는 것이다. 또한 공동 투자를 함으로써 간접경험을 쌓을 수 있다.

솔직히 처음 부동산 공부를 시작해서 빌라 한 채 산 사람이 그다음 물건으로 상가, 토지, 공장에 도전할 수 있을까? 아마 어려울 것이다. 경매도 마찬가지다. 본인의 경험치가 전부라 그 한계를 넘어서는 물건은 겁이 나서 도전하지 못한다. 이런 이유로 혼자 반복 투자하는 분이 다른 부동산 분야에 도전하기까지 수년 이상이 소요될 것이며, 어쩌면 다른 분야는 도전조차 하지 못하고 투자를 접을 수도 있다.

공동 투자의 장점

전혀 가보지 않았던 길도 조수석에 동승해서 다녀오면 그 사람은 다음에는 기억을 더듬어 혼자서도 가볼 수 있는 용기가 생길 것이다. 공동 투자도 마찬가지다. '아, 저번에 공동 투자했던 물건이 이런 입지의 물건을 사서 파는 전략을 구사했지…' 하는 안내 길이 생기는 것이다. 이 차이는 초보와 중수를 가르는 큰 획이다. '고기도 먹어본 사람이 잘 먹는다'는 말이 있듯, 부동산 물건도 마찬가지다. 여러 물건에 투자해 본 사람이 안목이 높아져 투자 물건도 잘 선별한다. 공동 투자는 본인 돈이 투자된 물건이라 관심을 가질 수밖에 없다. 관심은 배움으로 연결되고, 이런 배움이 쌓여 나중에 단독으로 처리할 수 있는 실력까지 쌓인다. 처음에는 자본이 한정적이고, 경험이 적으니 공동 투자를 통해 수익과 실력을 쌓아나가면 많은 도움이 될 것이다. 이렇게 진짜 실력이 쌓이면 그때는 공동 투자 대신 직접 개인 투자 물건을 운용하면 좋을 것이다.

최근 2월에 서울 명동에 위치한 3층 규모의 건물(감정가 50억 원)이 경매에 등장했는데, 약 40억 원에 낙찰되었다. 흥미로운 것은 낙찰자가 강○○ 외 124명으로, 총 125명의 공동입찰자였다. 낙찰가 + 취득세 등 부대 비용을 감안한 금액에 인원을 나눠보면 1인당 3,500만 원 정도의 비용을 내고 공동명의로 건물의 소유권을 취득한 것이다. 이처럼 공동 투자는 투자금이 적은 개인도 얼마든지 참여해 경험을 쌓을 수 있다는 장점이 있다.

▲ 명동에 위치한 건물이 경매에 등장했는데, 낙찰자가 강○○ 외 124명이다

공동 투자의 단점

공동 투자는 여러 사람이 돈을 모아 한 사람에게 위임해 투자하는 방법으로, 위임받은 사람이 임의대로 처분하거나 투자를 잘못해 손해를 볼 수 있다는 단점이 있다. 또한 지분을 처분하기도 어렵다. 별도의 약정이 있을 수는 있으나 등기사항전부증명서상에는 한 사람 이름으로 등기되어 있기 때문이다. 이런 점을 극복하기 위해 공동으로 투자한 부동산을 공동 지분으로 등기하는 방법이 있다. 이 경우 본인 소유의 지분을 처분할 수는 있지만, 대부분의 사람들은 지분만 취득하기를 원하지 않기 때문에 처분이 쉽지 않다는 단점이 있다. 또한 매도 타이밍에

서 공동 투자자 전원의 의견이 맞지 않으면 처분하지 못하는 문제점이 있다. 사용·수익은 과반수의 동의를 얻어도 가능하지만, 처분은 전원의 동의를 얻어야 하기 때문이다. 따라서 현실적으로 지분등기뿐만 아니라 구체적이고 명확하게 별도의 약정을 해놓고 이에 대한 공증을 해놓으면 좋다.

결론적으로 부동산 투자 경험의 폭을 넓히고 싶은 분은 공동 투자를 하면 좋다. 하지만 공동 투자를 이끌 멘토가 필요하다. 물건 선정부터 운용, 매각까지 이끌어줄 멘토가 있다면, 공동 투자가 좋은 방향으로 여러분을 이끌 것이다.

전문가 피드백으로
성공 확률을 높인다

 필자는 강의를 할 때 회원들에게 휴대전화 번호를 공개한다. 필자도 초보 시절, 누군가가 조언을 해줬으면 하는 절실함이 있었기에 회원들의 마음을 잘 안다. 그래서 휴대전화 번호를 공개하고 좋은 매물을 발견하면 언제든 필자의 피드백을 받으라고 말해준다. 필자가 보기에도 좋은 지역이라면 얼른 임장부터 가보라고 권하고, 인근 부동산 중개사무소에 들러 정보를 파악하라고 해둔다. 몇 군데 중개사무소를 돌면 해당 물건이 어떤지 파악이 되며, 잘하면 그보다 더 싼 급매물을 만날 수도 있다.

 또한 인근 중개사무소를 돌며 공인중개사를 만나다 보면 그중에서 뜻이 잘 통하는 공인중개사를 만날 수 있는데, 그럴 때는 친분을 높여 '텃밭 관리인'으로 선임하라고 말한다. 텃밭 관리인이란, 해당 부동산을 구입한 후 주기적으로 피드백을 주면서 관리해줄 사람을 말한다. 정보력이 좋은 공인중개사는 해당 매물을 거래해준 후에도 지속적으로 피드백을 주면서 수익이 극대화될 수 있도록 해주기 때문이다.

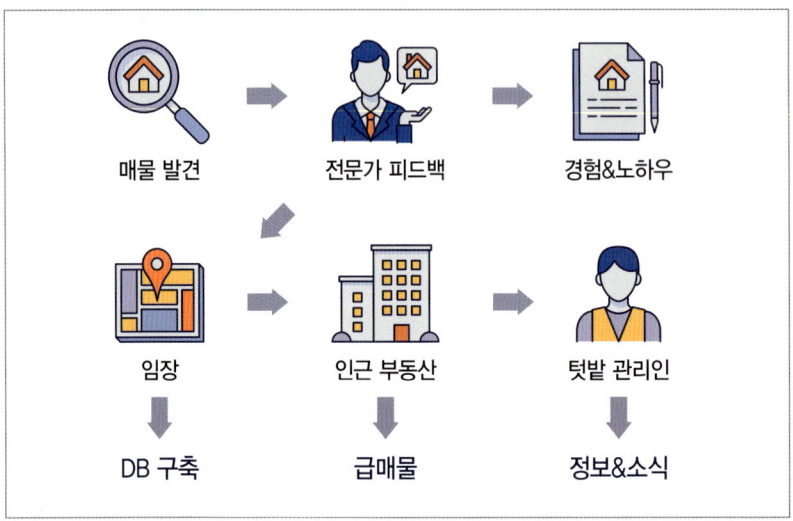

▲ 부동산 투자 순서도

피드백은 더 큰 수익을 올릴 수 있는 방법

전문가 없이도 얼마든지 부동산 공부할 수 있고 투자도 할 수 있다. 하지만 시간이 오래 걸릴뿐더러 시행착오를 겪을 수 있다. 고기도 먹어본 사람이 잘 먹고, 투자도 해본 사람이 잘한다. 부동산 투자도 경험이 있어야 잘한다. 경험을 바탕으로 '감'이 생기기 때문이다.

셰프는 일일이 맛보지 않아도 이 정도 소금을 넣으면 간이 딱 맞겠다는 본인의 감이 있다. 하지만 초보자는 조금씩 소금을 넣어보며 일일이

맛을 보면서 간을 맞춘다. 그렇게라도 간이 맞으면 상관없으나 맛을 오래 본 탓에 혀가 무뎌져 나중에는 음식 맛을 정확히 파악할 수 없어 국물이 너무 짜게 되는 사태가 생긴다. 궁여지책으로 짠맛을 잡기 위해 설탕을 넣게 되어 맛은 더더욱 미궁에 빠진다. 그러다 급기야 '나는 요리에 소질이 없나 봐' 하고 한탄한다. 하지만 요리책을 보고 소금 2티스푼 넣으란 대로 넣은 다른 사람은 간이 딱 맞은 요리를 보고 '요리에 소질이 있네'라며 어깨를 들썩인다. 이런 자신감은 다른 요리에 도전하는 데도 영향을 준다.

부동산도 마찬가지로, 초보자일수록 초기 경험이 중요하다. 성공 경험은 다음에도 추진력을 실어주기 때문이다. 첫 투자에서 성공한 사람은 다음 투자에도 적극적이지만, 첫 투자에서 실패한 사람은 의기소침해져 방어태세를 취하게 된다. 결국 투자란, 투자자가 얼마나 많은 성공 경험을 쌓았는지, 그에 따라 얼마나 적극적인 마인드를 가졌는지에 따라 성패가 나뉠 수 있다.

임장 횟수가 쌓일수록
수익이 높아진다

 부동산 시세 및 주변 상황을 알아보기 위해 해당 물건지로 임장을 가는 경우가 많다. 만약 서울에 사는 여러분이 시흥의 물건을 보러 간다면, 내비게이션을 설정하고 이동할 것이다. 한참 운전하다 보면 어느새 물건지에 도착해 있다. 주변을 살피고, 부동산 중개사무소 두세 곳을 둘러본다. 온 김에 근처 맛집 검색을 해서 식사를 끝낸 후, 다시 차에 올라타고 내비게이션이 알려주는 대로 집으로 돌아온다.

 다음 날, 내비게이션 없이 갔던 길을 그대로 운전해서 가라면 갈 수 있겠는가? 아마 헷갈리지 않고 한 번에 찾아갈 수 있는 사람은 많지 않을 것이다. 내비게이션이 알려주는 대로 그저 따라가다 보면 우리 뇌는 일을 하지 않아도 되니 기억할 필요성을 못 느끼게 된다. 그래서 한 번이 아니라 두세 번 간 길도 내비게이션 없이 가라고 하면 헤맨다.

여러분이 다양한 곳에 임장을 가더라도 그때마다 내비게이션에만 의지해 생각 없이 알려주는 대로 운전해서 가다 보면 임장을 다녀와도 남는 게 없다. 그렇다고 내비게이션 없이 가라는 뜻은 아니다. 내비게이션에 목적지를 설정하고 다녀왔어도 정리하는 시간을 갖자는 의미다. 그런 뜻에서, 꼭 지도에서 복기하는 시간이 필요하다. 임장을 마치고 집에 도착하면 지도(1~2만 원 주고 구입해도 좋고, 인터넷 지도를 봐도 좋다)를 펴놓고 오늘 갔던 길, 집으로 돌아왔던 길을 지도 위에 그려보면서 기억을 되살려보자. '○○IC를 지나 ○○고속도로를 타고 달리다 ○○톨게이트를 나와 ○번 국도를 지나 목적지에 도착했구나', '밥 먹으러 갔던 식당은 이 도로를 지났고, 근처에 큰 교회가 있었는데 이 도로 옆에 있었네' 하는 점들을 표시한다. 같은 날 두 곳의 임장을 하고 왔다면, 같은 원리로 오갔던 길을 지도 위에 표시해보는 것이다.

기억은 지형의 틀을 만든다

이런 식으로 임장을 다녀올 때마다 지도에 그려보는 연습을 하면 지형이 눈에 잘 익힌다. 꼭 부동산 임장이 아니어도 좋다. 여행을 갔거나 볼일 보러 간 곳도 다녀오면 지도에 그려보는 연습을 한다. 이렇게 익힌 지형은 어떤 뉴스나 호재를 만났을 때 빛을 발한다. 순간적으로 떠오른 지형을 바탕으로 부동산 물건을 찾을 때도 해당 지역으로 압축해서 남들보다 한발 먼저 진입할 수 있다.

결국 부동산은 남들보다 한발 먼저 들어가고, 한발 먼저 빠져야 돈을 벌 수 있다. '언젠가는 오르겠지'라는 마음으로 무분별하게 먼저 들어가면 기다리는 사이 지칠 수 있다. 또한 그 돈을 다른 곳에 투자했다면 더 많이 올랐을 것이다. 따라서 가격이 움직이기 직전 또는 이제 막 움직인 곳에 서둘러 진입하고, 충분히 오른 후 한발 먼저 발을 빼는 전략이 가장 좋다. 그러기 위해서는 수도권 지역만큼은 내 손바닥 안에 있어야 한다.

PART
04

돈 되는 빌라 고르는 방법

빌라의 정의와 변천사

우리가 흔히 '빌라'라고 부르는 주택의 정식명칭은 다세대주택 및 연립주택이다. 건축법에 의하면 공동주택의 종류에는 아파트, 연립주택, 다세대주택, 기숙사가 있는데, 여기 나오는 다세대주택과 연립주택이 빌라로 통용된다. 아마도 다세대주택과 연립주택이라는 단어가 다소 어렵고, 원활한 분양을 위해 좀 더 세련된 어법을 구사하고 싶은 과거의 건축업자들이 '빌라'라고 부른 데서 어원이 발전해 일상적으로 굳어진 듯하다.

주택 구분	주택명	층수	연면적	특징	비고
공동주택	아파트	주택으로 쓰는 층수가 5개 층 이상		구분 등기	계약 시 동 호수까지 정확히 기재
	연립주택	주택으로 쓰는 층수가 4개 층 이하	660㎡ 초과	• 2~5층(1층을 필로티 구조로 주차장으로 쓰는 경우, 층수 산정에서 제외)구조로 짓는 경우가 많음. • 구분 등기	• 규모가 다세대주택보다 조금 크고 아파트보다는 작음. • 계약 시 동 호수까지 정확히 기재

주택 구분	주택명	층수	연면적	특징	비고
공동주택	다세대주택		660㎡ 이하		• 계약 시 동 호수까지 정확히 기재
단독주택	단독주택	주택으로 쓰는 층수가 3개 층 이하	330㎡ 이하	1인 소유 주거 형태	
	다가구주택		660㎡ 이하		• 19세대 이하 • 세대별 취사 시설 설치 가능
	다중주택		330㎡ 이하		취사 시설 설치 불가

▲ 단독주택

▲ 다가구주택

▲ 다세대주택(빌라)

▲ 연립주택(빌라)

시대별 빌라의 변천사

▲ 약 1970~1990년대 : 벽돌 + 반지하

▲ 약 1988년대~ : 드라이비트 외벽

▲ 약 2000년대~ : 필로티 구조

▲ 약 2010년~ : 엘리베이터 설치

투자 기준에 따라
선택하는 빌라가 다르다

필자는 건축년도에 따른 빌라 투자를 3가지로 정의하는데, 이는 신축(준신축 포함), 구축, 노후주택 빌라에 투자하는 방법이다.

1. 신축 및 준신축 빌라 투자

건축한 지 1~10년 된 빌라로, 신축 빌라의 가격은 땅값 + 건물값 + 건축주 마진이 포함된 가격이다. 새 건물인 만큼 신혼부부들이 선호해 전세 가격을 높일 수 있다. 역세권이나 개발 상승이 큰 곳일수록 분양이 잘된다. 신축 및 준신축 빌라를 선택할 때는 직주근접이 가능한 입지가 좋은 곳을 투자하는 게 좋다. 참고로 방 두 개짜리 빌라 투자 시 역세권을, 방 세 개짜리 투자 시 주변 초등학교를 살피는 게 좋다. 그래야 수요가 많아 가격 상승을 기대할 수 있다. 신축 및 준신축 빌라는 전세가가 높아 소액으로 투자하기 좋다(갭투자).

▲ 신축 빌라(예시)

2. 구축 빌라 투자

건축한 지 10~20년 된 빌라로, 가격은 땅값 + 건물값(감가상각)으로 구성된다. 이곳은 전세가와 매수가가 같아 투자 금액 없이도 투자가 가능하다(무갭투자). 매입가보다 전세가가 높은 곳도 많아 빌라를 사고도 돈이 남아 다른 투자가 가능하다(플러스피 투자). 원활한 임대를 위해 리모델링이나 인테리어로 가치를 상승시키면 좋다.

▲ 구축 빌라(예시)

3. 노후주택 빌라 투자

건축한 지 20~30년 된 빌라다. 오래된 만큼 건물이 매우 낡아 건물의 가치보다 토지의 가치에 중점을 둔다. 빌라 투자지만 실제는 해당 빌라가 가진 대지 지분에 투자하는 것으로, 땅 투자와 다름없다. 소규모 재건축 또는 재개발로 인한 가격 상승을 기대할 수 있는 곳이다 보니, 대지 지분 및 개발 속도에 따라 가격이 다르다.

▲ 노후주택 빌라(예시)

빌라가 아파트보다
좋은 이유

　빌라는 적은 투자 비용으로 우수한 주변 환경을 누릴 수 있고, 시세 차익을 기대할 수 있는 부동산이다. 투자자 입장에서 서울 지역의 역세권 지역은 소액 갭투자가 가능한 유일한 영역이다. 아파트의 경우, 나홀로 아파트라 하더라도 좋은 입지라면 최소 2~3억 원 정도의 투자금이 있어야 하므로 소액 투자자에게는 그림의 떡일 수밖에 없다. 반면 빌라는 1,000~5,000만 원 정도면 투자할 수 있고, 물건에 따라 매매가보다 전세가가 더 높은 플러스피 투자가 가능하니 자본금이 적은 사회 초년생도 얼마든지 투자에 나설 수 있다.

　꼭 투자가 아니더라도 실수요자 입장에서 봐도 빌라는 상대적으로 적은 비용으로 내 집 마련이 가능하며, 공간 활용도가 우수하다는 장점이 있다. 특히 수요층이 풍부한 역세권, 학세권(방 세 개 구조인 경우, 인근에 초등학교가 있으면 좋음)에 투자하면 안정적으로 투자 수익도 확보

할 수 있다. 서울의 주요 입지의 빌라를 매매할 예산으로 외곽 지역의 아파트를 매수하거나 전세 거주를 선택했을 경우와 비교하면 3~4년 후 자산의 변화가 클 것이다. 그만큼 어중간한 지역의 아파트 매수보다 서울의 입지 좋은 빌라 매수가 여러모로 더 매력적이라는 뜻이다.

> **빌라의 장점**
>
> ① **적은 금액으로 투자하기 좋다**
> 2,000~3,000만 원 전후 소액 투자가 가능한 유일한 영역이다.
>
> ② **잘 찾으면 학세권·역세권 물건을 찾을 수 있다**
> 하루 이틀 찾다가 좋은 물건이 없다고 하소연하는데 시장에 가보면 의외로 저렴한 물건이 많이 있다. 그러니 꾸준히 물건 검색과 임장을 가는 습관을 들이자.
>
> ③ **취득 시 적은 세금 부담이 강점이다**
> 다주택자 취득세 중과세가 시행되고 있지만, 아파트에 비해 가격이 저렴한 빌라는 취득세가 중과되어도 부담이 덜하다. 또한 공시 가격 1억 원 이하 빌라는 다주택자 및 법인이 취득해도 취득세가 중과되지 않는다(단, '도시및주거환경정비법' 제2조제1호에 따른 정비구역으로 지정·고시된 지역은 제외).
>
> ④ **시세차익을 기대한다**
> 좋은 입지에 투자한 빌라는 충분한 시세차익을 기대할 수 있다.

Plus tip · 빌라 임장 시 필수 체크 리스트

1. **건물 상황** : 외관, 단지 수, 필로티 여부, 세대별 주차율, 무인택배함, 보안시스템 등
2. **외부 요건** : 층수, 호수, 방향, 일조량, 조망권, 불법 확장 여부
3. **내부 구조** : 실평수, 거실과 방 비중, 주방, 화장실, 다용도실 등
4. **옵션** : 에어컨, 냉장고, 세탁기, 오븐, 붙박이장, 신발장 등
5. **교통** : 버스, 지하철역 도보 소요 시간, 주변 학교 등
6. **투자 수익** : 분양가, 매매가, 전세 예상액, 월세 예상액 등

빌라 현장 체크리스트

구분		체크사항	메모사항
건물 기본 사항 (손품)	번지수	구 동 번지	
	호수 및 층수	층 중 층 (호)	
	빌라 이름		
	건축년도 / 총세대수	/	
	건축물 면적	m^2 (평)	
	대지 지분	m^2 (평)	
	위반건축물	□ 유 □ 무 □ 가능성	
	버스 / 지하철	도보 분 / 도보 분	
건물 외관 사항 (발품)	외관사항	□ 상 □ 중 □ 하	
	향	□ 동 □ 서 □ 남 □ 북	
	일조권	□ 밝음 □ 보통 □ 여름	
	조망권	□ 시야 넓음 □ 보통 □ 막힘	
	필로티	□ 유 □ 무	
	세대별 주차사항	□ 60% 이하 □ 60% □ 100%	
	현관 보안시스템	□ 유 □ 무 □ CCTV	
	엘리베이터	□ 유 □ 무	
	무인택배함 / 창고	□ 유 / □ 유	
내부 구조 사항	실평수	실평수 평, Room	
	거실 구조	□ 넓음 □ 보통 □ 좁음	
	방 구조	□ 넓음 □ 보통 □ 좁음	
	주방 구조	□ 분리형 □ 통합형 □ 기역자형 □ 디근자형 □ 일자형	
	화장실	□ 샤워부스 □ 샤워기 □ 욕조 □ 창문 □ 환기 □ 수압 좋음 □ 비데	
	기타 구조	□ 베란다 □ 개별창고 □ 알파룸	
	보일러 상태	□ 좋음 □ 오래됨 □ 재설치	
옵션	기본사항	□ 에어컨 □ 냉장고 □ 세탁기 □ 전자레인지 □ 가스레인지 □ 오븐 □ 인덕션 □ 붙박이장 □ TV □ 침대 □ 책상 □ 신발장 □ 전기쿡탑	
	추가 옵션		
투자 수익	매매가		
	갭투자 / 대출 금액	/	
	전세가/월세가	/	

▲ 빌라 임장 갈 때, 이 체크리스트를 가지고 가서 체크하자

빌라가 환금성이 떨어진다는 말은 오해!

"투자는 철저한 분석을 통해 원금의 안전과 적절한 수익을 보장하는 것이고, 이러한 조건을 충족시키지 못하는 행위는 투기다. 투자 대상에 대한 철저한 분석이 투자의 시작이고, 원금의 안전성을 보장받으며 적절한 수익률을 올리는 것이 바로 투자다."

세계적인 투자가 워런 버핏(Warren Buffett)의 스승인 벤저민 그레이엄(Benjamin Graham)은 투자에 대해 이렇게 정의했다. 이렇듯, 투자는 투기와 다르다. 투자는 철저한 분석과 고민을 통해 결정해야 한다. 개인이 처한 상황 및 목표는 다르지만, 투자 시 기본적으로 고려하는 중요한 선택 기준이 있다. 바로 수익성·안정성·환금성이다.

첫째, 얼마나 수익을 낼 수 있는지(수익성),
둘째, 원금 손실 가능성은 어느 정도인지(안정성),

셋째, 필요시 현금으로 전환 가능한지(환금성)다.

첫째, 수익성이란 투자한 자산으로부터 얻을 수 있는 이익을 뜻한다. 일반적으로 수익성은 안전성과 반비례 관계에 있다. 안전성이 높은 상품은 수익성이 낮고, 수익성이 높은 상품은 안전성이 낮다. 일례로 금융상품은 안정성은 높지만 수익성이 낮고, 주식은 수익성은 높지만 안정성이 낮다. 말 그대로 'High risk, High return'의 구조라 볼 수 있다.

둘째, 안전성이란 원금을 잃지 않고 어느 정도 보존할 수 있는가를 의미한다. 원금 회수 가능성이 크면 안전성이 높은 것이고, 원금 손실 가능성이 크면 안전성이 낮은 것이다.

셋째, 환금성이란 자산을 팔아서 현금화하는 것인데, 이에 걸리는 시간과 노력으로 평가할 수 있다. 예를 들어, 예금이나 주식 등은 환금성이 높은 자산이라 할 수 있지만, 잘 팔리지 않는 부동산의 경우 매도를 결정한 순간부터 수중에 돈이 들어오기까지 많은 시간이 필요하기에 환금성이 낮은 자산이라 할 수 있다.

빌라의 투자 가치

자, 그럼 투자의 기준에서 빌라를 살펴보자. 부동산 자산이라는 측면에서 입지 좋은 빌라는 수익성과 안정성이 높다. 그런데도 사람들이 투자를 꺼리는 이유는 환금성이 떨어질 것이라는 우려 때문인 경우가 많다. 쉽게 말해, 샀다가 안 팔리면 어떡하느냐는 것이다. 하지만 필자가 봤을 때 이는 기우인 것 같다.

이미 빌라도 잘 팔리는 시대가 되었다. 물론 빌라가 아파트보다 더 잘 팔리는 것은 아닐 수 있다. 하지만 통계만 봐도 빌라 거래량은 아파트 못지않게 크게 늘고 있다. 설사 자신이 투자한 빌라가 팔리지 않는다고 해도 묶이는 돈은 1,000~3,000만 원 내외다. 최악의 경우, 팔리지 않아도 투자금이 0원인 무피 투자가 계속되고 있어 아무런 부담이 없다. 시간이 더 지나면 전세가는 더 올라서 팔리지 않아도 수익이 남는 플러스피 투자가 지속되기에 부담이 없다. 따라서 입지 좋은 빌라에 적정 가격에 투자하는 게 최상이다. 환금이 쉽지 않더라도 크게 걱정할 필요가 없는 것이 바로 빌라 투자의 매력이다.

▲ 빌라 거래량이 4개월째 아파트를 추월했다는 뉴스   출처 : 서울경제TV

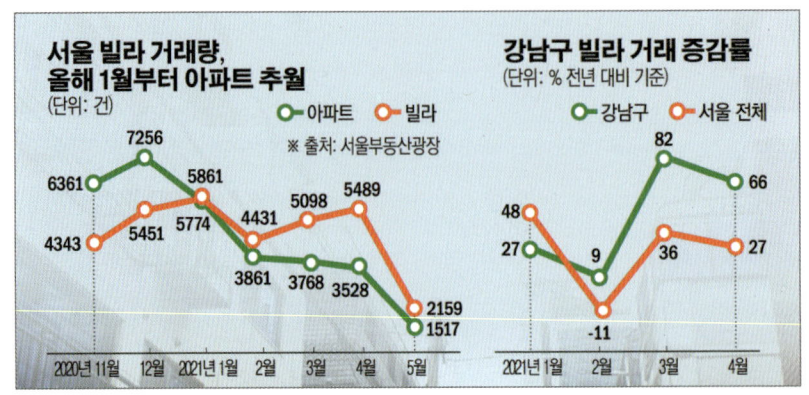

▲ 아파트보다 높은 빌라 거래량을 보도한 모습   출처 : 이데일리

 Plus tip 　빌라 빨리 파는 방법

1. 간단한 리모델링은 필수다
　1순위 : 화장실, 2순위 : 주방, 3순위 : 거실

2. 분양사무실처럼 소품을 활용하자
　포인트 벽지와 심플한 간이가구를 배치해보자. 이런 제품들은 매수자에게 무상으로 제공하자.

3. 공인중개사를 활용하자
　인근 공인중개사에게 물건을 뿌리자(최소 5곳).
　중개보수는 항상 기본수수료 외에 플러스 알파를 염두에 둔다.

4. 그래도 안 팔릴 때를 대비해 출구전략을 세운다
　지인 명의의 근저당권을 활용해 경매를 넣을 수 있다(신용상 하자 없다).
　법인으로 명의를 이전하자(본인이 대표자로 있는 법인은 피함).

빌라 세 채 투자가 불러온
좋은 나비효과

앞서 누누이 말했지만, 투자금이 없어도 얼마든지 부동산에 투자할 수 있다. 필자의 경우, 2018~2019년에 문정역 근처의 빌라 세 채를 구입했는데, 이 빌라 세 채 구입은 필자의 재테크에 굉장히 큰 영향을 미쳤다. 마치 작은 나비의 날갯짓처럼 시작한 변화가 폭풍우와 같은 커다란 변화를 일으킨 것이다.

빌라 세 채 구입이 시작이다

2018년 6월에 구입한 첫 번째 빌라는 매매가 1억 3,000만 원이었지만, 전세로 1억 6,000만 원에 임대했다. 우선 3,000만 원의 자금이 남았지만, 지출된 취득세 및 일부 수리비 등 650만 원을 감안하면 최종적으로 2,350만 원의 플러스피가 생겼다. 필자는 전세를 놓기 전에 내부를 깨끗하게 하고 각종 가전제품 옵션(TV, 냉장고, 세탁기, 에어컨 등)을 설치해 임대한다. 사람들은 옵션까지 넣으면 돈이 너무 많이 들지 않느냐고 묻는데, 실제 옵션 비용은 200만 원 정도 소요된다. 또한 한 번 가전제품 등을 설치해놓으면 이후에도 계속 활용할 수 있으니 비용 부담이 없다.

▲ 가전제품을 설치한 모습(예시)

2019년 6월에 구입한 두 번째 빌라의 매매가는 1억 4,500만 원이었으며, 전세가는 1억 7,000만 원이었다. 취득세 및 수리 비용 등을 합해 460만 원이 지출되어 남은 플러스피는 2,040만 원이다. 같은 해 7월에 구입한 세 번째 빌라도 마찬가지다. 1억 5,500만 원에 구입해 1억 7,500만 원에 전세를 놓았다. 취득세 및 기타 비용이 260만 원 소요되어 1,740만 원의 플러스피가 되었다.

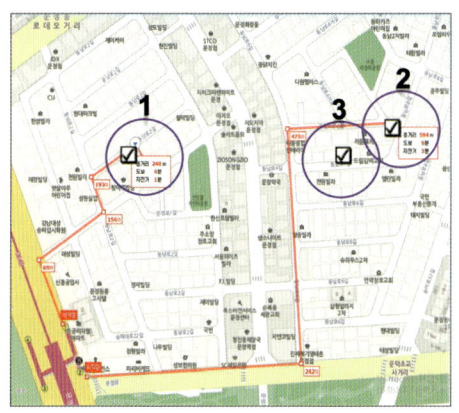

▲ 필자가 투자한 빌라의 위치

구분	1번	2번	3번
전세가	1억 6,000만 원	1억 7,000만 원	1억 7,500만 원
매매가	1억 3,000만 원	1억 4,500만 원	1억 5,500만 원
차액	+3,000만 원	+2,500만 원	+2,000만 원
각종비용	-650만 원	-460만 원	-260만 원
플러스피	+2,350만 원	+2,040만 원	+1,740만 원

플러스피로 재투자하다

빌라 세 채에 투자하니 오히려 현금 6,130만 원이 남아 이 돈으로 총 3가지 부동산에 재투자했다.

1. 아파트 갭투자

첫 번째 투자한 부동산은 화성 병점에 위치한 아파트로, 2019년에 20평형 세 채를 갭투자로 구입했다. 당시 매매가는 1억 7,000만 원이었고, 전세가는 1억 6,000만 원이어서 한 채당 1,000만 원이 들었다. 당시 아파트에 갭투자한 이유는 빌라뿐만 아니라 아파트도 플러스피 투자가 가능한지 테스트해보고 싶었기 때문이다. 빌라처럼 매매하자마자 돈이 남는 플러스피 투자는 아니었지만, 소요된 자본이 1,000만 원이라 부담이 없었다. 그 후 1년이 지나 아파트 세 채 중 두 채를 팔았는데 한 채는 2억 1,500만 원, 다른 한 채는 2억 2,500만 원에 팔아 각각 4,500만 원, 5,500만 원의 수익이 남았다. 1,000만 원 투자금 대비 연 450%, 550%의 높은 수익률을 보여 꽤 만족할 만한 성과였다(보유 중인 남은 한 채의 아파트는 2억 7,000만 원의 시세를 보여 1,000만 원 투자 대비 1억 원 가까이 올랐다).

2. 하남미사지구의 지식산업센터와 기숙사

두 번째는 지식산업센터와 기숙사를 분양받았다. 이때 지식산업센터는 제일 작은 면적, 제일 낮은 층수, 제일 저렴한 분양가를 선택했다. 그렇게 선택한 이유는 지식산업센터의 주력면적이 25~30평대라서 소형평수가 많지 않았기에 빨리 임대를 놓을 수 있다는 전략이었다. 게다가 같은 소형면적 중에서도 층수에 따라 가격 차이가 났는데, 10층에 비해 필자가 분양받은 3층이 2,580만 원이나 더 저렴했다.

기숙사도 같은 원리로 3층을 분양받았다. 지식산업센터 내에 있는 기숙사는 390여 개의 호실 중 테라스가 갖춰진 호수는 20호실뿐이고, 그중 하나를 필자가 분양받았다. 입지가 좋아 수요가 풍부했는데 그중 필자 기숙사의 임대가 먼저 나가려면 임대료와 제반 환경이 중요 포인트다. 임차 인 입장에서 보면 10층은 좋고, 3층은 좋지 않다는 의미는 아닙니다. 임차인은 임차료가 얼마인지, 임차 환경이 어떤지가 더 중요하다.

10층에 비해 3층을 저렴하게 분양받은 덕분에 임차료를 낮게 책정해도 충분히 승산이 있으며, 게다가 유일하게 발코니가 갖춰진 기숙사라 선호도가 매우 높았다. 또한 3층이라 해도 가시권이 좋아 전망이 확보되었으며 남서향이라 배치도 좋았다. 전용면적은 약 15평이었지만, 발코니와 베란다가 별도로 갖춰진 덕분에 전용 22평의 효과가 났다. 그러므로 처음부터 22평형을 높은 가격에 분양받을 이유가 없다. 이런 다양한 전략으로 발코니가 갖춰진 낮은 층수를 분양받았는데, 예상대로 필자의 기숙사는 현재 높은 프리미엄이 형성되어 있다.

▲ 발코니와 테라스가 갖춰진 기숙사 평면도 모습
　(필자는 항상 플러스알파의 공간이 있는 곳을 선호한다)

3. 상가 경매 낙찰

마지막으로 가든파이브 내에 위치한 상가를 경매로 낙찰받았다.

소재지	서울 송파구 문정동 634 가든파이브라이프			도로명 검색	
물건종류	근린상가	사건접수	2019.02.25	경매구분	임의경매
건물면적	22.68㎡ (6.86평)	소유자	김	감정가	278,000,000원
대지권	6.5㎡ (1.97평)	채무자	김OO	최저가	(80%) 222,400,000원
매각물건	건물전부, 토지전부	채권자	박	입찰보증금	(10%) 22,240,000원

입찰 진행 내용

구분	입찰기일	최저매각가격	상태
1차	2019-11-11	278,000,000	유찰
2차	2019-12-16	222,400,000	낙찰

낙찰 250,000,000원 (90%)
(응찰 : 1명 / 낙찰자 : (주)   )
매각결정기일 : 2019.12.23 - 매각허가결정
대금지급기한 : 2020.01.30
대금납부 : 2020.01.23 / 배당기일 : 2020.02.26
배당종결 : 2020.02.26

▲ 상가 낙찰 결과 내역

상가 낙찰 가격은 2억 5,000만 원이었으며 이 중 1억 7,200만 원을 대출받았다. 해당 상가는 보증금 1,500만 원/월 130만 원에 임대되었다. 낙찰가에서 대출금 및 보증금을 제하면 실투자금은 6,300만 원이 소요되었다. 대출이자는 월 46만 원이 발생하므로 월세에서 대출이자를 제하면 한 달에 84만 원이 남는다. 6,300만 원 투자로 월 84만 원의 수익이 들어오니 연수익률은 16%에 달한다. 은행 예금이자가 연 1%대인 것에 비하면 매우 높은 수익률이라 할 수 있다.

결론적으로 필자가 이렇게 여러 부동산에 투자를 할 수 있었던 것은 빌라 투자를 통해 남은 플러스피를 활용한 덕분이었다. 내 돈이 없어도 오히려 빌라 투자를 하고 남은 돈으로 다른 부동산에 재투자할 수 있었다.

그러므로 여러분이 현재 돈이 없더라도 투자를 못 한다고 한탄하지 않아도 된다. 생각하기에 따라 얼마든지 돈을 만들어낼 수 있기 때문이다. '나비의 작은 날갯짓이 지구 반대편에서는 폭풍우를 불러일으킨다'는 나비효과처럼, 부동산에서도 나비의 날갯짓처럼 작은 시도가 결과적으로 여러분의 자산 증가에 큰 영향을 미칠 것이다.

장기 보유한다는 생각으로 부동산을 사자

사람들은 "양도세(또는 법인세) 내고 나면 남는 게 없다"고 하소연한다. 그럼 필자는 "안 팔면 되잖아요?"라고 묻는다. 팔지 않으면 낼 세금도 없으니 말이다. 그럼 대다수의 분들은 "안 팔다니 그게 무슨 말이에요?"라며 필자를 바라본다.

생각해보자. 여러분이 보유한 부동산이 앞으로 가격이 지속해서 오를 것이라는 확신이 있다면 여러분은 부동산을 팔겠는가? 아마도 팔지 않을 것이다. 갖고 있으면, 오르는데 팔아버리면 오히려 손해니 누가 팔겠는가! 하지만 실제 거래에서 보면 파는 사람이 있다. 파는 이유야 사람마다 다르겠지만, 오른 가격이 내려갈까 봐 불안해진 소유자가 파는 경우가 많다. 그러니 팔고 난 후 내야 할 세금을 걱정하는 것이다.

필자는 좋은 빌라는 되도록 팔지 않는다는 투자 철학이 있다. 팔면 세금을 내야 하지만, 보유하면 전세가가 올라간 만큼 2년마다 돈이 들어온다. 보유하는 동안 재개발 등 정비사업이 진행되면 로또가 되어 수익이 돌아오니 굳이 팔 이유가 없다. 물론 정비사업은 특성상 시간이 오래 걸리기에 다음 세대에서 진행될 수도 있지만, 그만큼 후손에게 우량 부동산을 물려주는 것이니 나쁠 것 없다. 물론 전국의 모든 빌라에 이 원칙이 들어맞는 것은 아니다. 지금도 어느 지역은 빌라를 샀다가 그대로 자금이 묶이는 경우도 허다하다. 2년마다 전세 보증금을 올리기는커녕 현 세입자가 나갈까 봐 전전긍긍하는 곳도 있다. 시간이 흐르는 사이 건물이 노후해 수리할 곳은 늘어나니 심적으로 부담되는 경우도 많다. 말 그대로 애물단지가 되어버리는 것이다.

그렇다면 어떤 빌라를 사야 좋을까? 필자는 수학공식처럼 이를 공식화하면 좋겠다는 생각을 해왔다. 그래야 초보 투자자들도 이 공식에 대입해 사야 할 빌라와 사지 말아야 할 빌라를 가릴 수 있는 안목이 생길 것이기 때문이다. 필자는 이를 '빌라 투자 방정식'이라고 부르는데, 이에 대한 자세한 설명은 다음 장에서 살펴보자.

PART 05

따라 하면 무조건 돈 버는 빌라 투자 방정식

빌라 투자
5가지 조건

1. 역세권

필자는 빌라 투자를 할 때 역세권을 위주로 투자한다. 1차 역세권은 도보 5분 이내의 거리이며, 2차 역세권은 도보 10분 이내 거리로 정한다. 경기가 좋고 투자가 활성화될 때는 2차 역세권까지 투자하고, 경기가 좋지 않고 투자가 위축될 때는 1차 역세권 위주로 투자한다. 또한 빌라를 팔아야 하는 경우에도 2차 역세권 빌라를 위주로 팔고, 될 수 있으면 1차 역세권 빌라는 팔지 않고 보유한다. 다만, 무조건 1차 역세권이 더 좋다는 뜻은 아니다. 지금 상황에서는 1차 역세권이든, 2차 역세권이든 큰 차이는 없다. 가격이 저렴한 게 제일이다. 매매가 대비 전세가가 높을수록 투자 가치가 높다.

빌라를 팔 때도 애먹지 않고 수월했다. 그 이유는 처음부터 플러스피 투자를 한 덕분에 필자 입장에서는 투자하자마자 돈이 남았으며, 팔 때는 전세가로 매각을 해서 사는 사람 입장에서도 당장 투자금이 들지 않으니 부담이 없었다.

2. 필로티 구조

주차 가능 여부는 임대에 미치는 영향이 매우 크다. 필자는 역세권이면서 주차가 가능한 필로티 구조 빌라를 구입한다.

▲ 주차 공간이 확보된 빌라(필로티 구조)

▲ 주차 공간이 협소한 빌라

3. 플러스 알파 공간

발코니가 있으면 보일러, 세탁기, 그리고 불필요한 짐을 넣을 수 있어 공간 활용도가 높다. 만약 이 공간이 없으면 화장실에 보일러와 세

▲ 화장실 안에 세탁기가 설치된 모습

▲ 발코니에 설치된 세탁기 모습

탁기가 들어가는 사태가 온다. 이러면 화장실 공간이 좁아져 불편할 뿐 아니라, 화장실의 습도 때문에 기계에 좋지 않은 영향을 미친다.

4. 거실이 커야 한다

원룸의 경우 오픈형 원룸이 있고, 분리형 원룸이 있다. 임차인은 분리형 원룸을 좋아하는데, 그래야 현관문을 열고 들어갔을 때 앞에 문이 있어 주방과 거주 공간이 분리되어서 좋다. 투룸이나 쓰리룸은 방보다는 거실이 큰 게 좋다. 어떤 곳은 방은 세 개지만, 거실이 매우 작아 방 하나를 미닫이문으로 만들어 여닫으면서 사용하기도 하는데, 이런 곳 말고 제대로 거실이 나와야 한다.

앞의 4가지는 임차인을 위한 조건이다. 필자는 이제까지 역전세난을 겪은 적이 한 번도 없다. 세입자가 나간다고 해도 바로 다음 세입자가 들어왔는데, 이렇게 세입자가 좋아하는 공간의 조건을 맞춰놨기 때문이었다.

▲ 오픈형 원룸 모습

▲ 분리형 원룸 모습

▲ 거실 작은 빌라   ▲ 거실 넓은 빌라

5. 허름한 빌라를 산다

앞의 4가지 조건을 맞춘 빌라가 여러 개 있다면 필자는 그중 가장 허름한 빌라를 산다. 그 이유는 가장 허름해야 협상하기 좋기 때문이다. 해당 주택이 허름하다는 사실은 매도자인 집주인도, 중개해주는 중개사무소 사장님도 잘 알고 있다. 따라서 가격 협상에서 우위를 점할 수 있다.

자, 그럼 허름한 빌라를 싸게는 샀는데, 어떻게 하면 비싸게 전세 놓을 수 있을까? 그것은 바로 인테리어의 힘이다. 허름한 빌라를 그대로 임대 놓는다면 가격을 낮춰줄 수밖에 없다. 빌라를 살 때 허름함을 무기로 가격을 깎았듯, 임차인도 허름함을 무기로 저렴한 임대를 원할 것이기 때문이다. 따라서 인테리어뿐만 아니라 옵션도 같이 설치해준다. 붙박이장이 없는 곳은 붙박이장을 설치하고, 싱크대가 낡은 곳은 새로 싱크대를 설치한다. 생각보다 큰돈이 들어가지 않는다. 이렇게 해놓으면 높은 가격에 전세가 잘 나간다.

▲ 리모델링을 통해 가치를 높인다

Plus tip   빌라 유망 투자처

1. 업무 지역의 인근 지역에 투자하자
- 송파구 문정지식산업센터 인근 지역
- 강서구 마곡지식산업센터 인근 지역
- 강동구 고덕비즈밸리 인근 지역

2. 선행 투자가 답이다
- 강남권역의 업무 지역 인근 지역
- 서초구 국군정보사령부 부지의 인근 지역
- 강남구 롯데칠성 부지의 인근 지역
- 삼성동 현대자동차 글로벌비즈니스센터 인근 지역

빌라가 싼지, 비싼지 어떻게 알지?

앞서 필자가 말한 빌라 선택의 5가지 조건을 다시 한번 살펴보자. 전철역에서 도보 5분(1차 역세권) 또는 10분(2차 역세권) 안에 있는 필로티 구조로 된 빌라가 좋다. 집 안 내부에 발코니 공간이 있어 세탁기 등을 둘 곳이 있는 곳이 좋으며, 방보다는 거실이 큰 곳이 좋다. 이런 조건을 만족하는 빌라가 여러 개 있을 경우, 그중 가장 허름한 빌라를 구입하라고 했다.

그런데 여기서 고민이 하나 생길 것이다. 5가지 조건을 모두 만족하는 빌라를 찾았는데 매매가가 1억 8,000만 원이면 이 가격이 과연 저렴한 것일까? 또한 매매가가 2억 원이라면 이 가격은 과연 비싼 것일까? 중개사무소 사장님은 "이 정도면 싸다"라며 매매를 권하지만, 여러분은 선뜻 확신이 서지 않을 것이다. 아파트의 경우, 같은 조건을 가진 비교 사례가 많아 가격 비교가 수월하지만, 개별성이 강한 빌라의 경우, 좀처럼 가격 비교가 쉽지 않다. '싸다, 비싸다'라는 기준을 어떻게 측정할 수 있을까? 하다못해 만 원짜리 티셔츠 하나 살 때도 이리저리 가격을 비교하며 사는 소비자들인데, 꽤 거금이 투입되는 부동산을 사는 일에 단순히 누군가의 말 한마디에 싼지, 비싼지를 가늠하는 것은 너무 두루뭉술하다.

빌라 투자를 많이 해본 고수들은 가격만 봐도 싼지, 비싼지 감이 오지만, 이제 막 투자를 시작한 초보자들은 그렇지 않다. 이는 요리 고수가 후배에게 요리를 가르칠 때, "재료 넣고 물을 부은 후 소금을 적당히 넣고, 적당히 끓이다 불을 끄면 돼"라고 말하는 것과 똑같다. 요리를 많이 해본 사람이야 '적당히'에 대한 감이 있을 것이지만, 초보들은 도대체 어느 정도가 적당한지 도무지 감이 오지 않는다. 아무것도 모르는 상태에서 '적당히'에 대해 알아가려면 꽤 많은 시행착오와 연륜이 필요하다. 이런 시행착오를 줄이기 위해 요리책에는 계량기가 사용된다. '정해진 재료량에 물 1ℓ를 붓고 소금 1작은술을 넣은 후 5분 동안 센 불에서 끓이다 중간 불로 줄여 5분을 더 끓인 후 불을 끈다'라는 식으로 자세하게 적혀 있다. 그러니 초보자들도 적힌 대로 따라 하면 된다.

요리책에 적힌 계량법처럼 빌라 투자도 객관적인 공식이 있다면 초보자들도 쉽게 따라 할 수 있을 것이라는 생각에 많은 고민을 했다. 그렇게 고민 끝에 찾아낸 방법이 바로 '공·대·공'인데, 이 방법대로 따라 하면 여러분도 빌라 투자의 고수가 될 수 있다.

'공·대·공'만 알면 빌라 투자 무조건 성공

공·대·공이란 '공동주택 가격 비율', '대지 평당 가격', '공시지가 가격 비율'의 첫음절을 모아 만든 말이다. 빌라 구입 시 이 3가지 공식을 대입하면 해당 빌라의 가격의 적정성 여부를 판단할 수 있다.

> **공·대·공**
>
> 공 : 공동주택 가격 비율
> 대 : 대지 평당 가격
> 공 : 공시지가 가격 비율

공(공동주택 가격 비율)

부동산 가격은 시세와 공시 가격으로 구분된다. 시세는 부동산이 실제 시장에서 거래되는 가격을 말하고, 공시 가격은 정부가 조사 산정해 공시하는 가격을 가리킨다. 특히 부동산 가격의 지표가 되는 공시 가격은 종합부동산세(종부세) 등 각종 세제 부과 기준은 물론, 건강보험료와 기초연금 등 사회복지에도 사용되기 때문에 사회 전반에 미치는 영향이 크다.

공시 가격 : 국토교통부장관이 매년 적정 가격을 산정해 주택 관련 세금의 부과 기준 등으로 활용한다. 주택 공시 가격은 토지와 건물 가격이 모두 합쳐진 가격이다.

공시 가격은 부동산 공시 가격 알리미(www.realtyprice.kr)를 통해 알아볼 수 있다. 사이트에 들어가 '공동주택 가격 열람'을 클릭한 후, 해당 주택의 주소를 입력하면 된다.

▲ '부동산 공시가격 알리미' 홈페이지에서 '공동주택 가격 열람'을 클릭한다

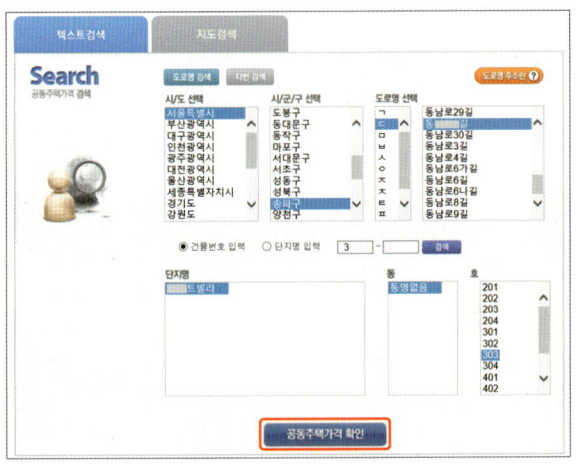

▲ 해당 공동주택 주소를 입력한다(예시)

▲ 해당 주택의 공시 가격이 표기된 모습(예시)

　필자가 그동안 많은 빌라를 사고팔며 거래해본 결과, 통상적으로 공시 가격이 매매가의 70% 이상이면서 공시 가격 비율이 높을수록 그 빌라의 매수를 고려해도 좋다(참고로 국토교통부 자료에 의하면 2020년 기준 공시 가격 현실화율은 평균 69.0%(공동주택), 53.6%(단독주택)이고, 2021년 공동주택 공시 가격 현실화율은 70.2%다). 앞서 말한 5가지 조건(역세권, 필로티 구조, 발코니 존재, 거실 크기, 허름한 곳)을 만족한 여러 개의 빌라 매매가와 공시 가격을 비교해 공시 가격 비율이 높은 빌라를 고르라는 의미다.

　예를 들어, 두 개의 빌라가 있는데 첫 번째 빌라는 매매가가 1억

9,000만 원인데 공시 가격이 1억 3,000만 원이고, 두 번째 빌라는 매매 가격이 1억 4,000만 원인데 공시 가격이 1억 2,500만 원이라면, 두 번째 빌라를 선택하는 게 더 좋다는 말이다. 첫 번째 빌라는 매매가 대비 공시 가격 비율이 68%지만, 두 번째 빌라는 89%이기 때문이다. 공시 가격 비율이 높은데 시세가 낮다는 것은 그만큼 매매가가 저렴하거나 급매로 나왔음을 의미한다.

실제로 필자가 그동안 거래한 빌라를 살펴보면, 공시 가격이 매매가의 100%에 육박하거나 오히려 넘는 경우도 많았다. 예를 들어 매매가가 1억 원인데 공시 가격이 1억 원이란 뜻이다. 통상적으로 빌라는 70% 선에서 공시 가격이 형성되는 것을 보면, 매매가가 1억 원이라면 공시 가격이 7,000만 원이어야 적정한데, 공시 가격이 1억 원이라는 것은 매매가가 1억 2,000만 원~1억 3,000만 원인데 현재 1억 원으로 급매로 나왔음을 의미한다. 그러니 이런 빌라는 매수를 서두르는 게 좋다. 이 말을 듣고도 '에이, 허풍 아닌가? 그런 게 어딨어?'라고 생각하는 분도 있을 것이다. 하지만 여러분이 찾아보지 않아서 없는 것이지, 이런 빌라가 없는 게 아니다. 빌라 투자의 고수인 필자도 지금도 좋은 물건을 찾기 위해 손품과 발품을 아끼지 않는다. 열심히 찾아본 필자가 이런 물건이 있다고 말하는데, 찾아보지도 않고 쉽게 말하는 것은 어불성설인 듯싶다.

그러니 여러분도 자리에 앉아만 있지 말고 찾아보길 바란다. 일찍 나는 새가 먹이를 찾듯, 일찍 찾는 사람이 좋은 물건을 발견한다. 느릴수록 좋은 먹이는 사라지고 없는 법이다.

대(대지 평당 가격)

빌라 투자의 근본은 토지 투자다

여러분이 아파트, 빌라, 단독주택, 다가구주택, 오피스텔, 상가 등 어느 부동산에 투자하더라도 반드시 토지를 알아야 한다. 그 이유는 어느 종목을 막론하고 토지가 기본이 되기 때문이다. 강남에 있는 아파트와 지방에 있는 아파트의 표준 건축비는 별 차이가 없다. 그럼에도 불구하고 아파트 가격에 큰 차이가 발생하는 것은 토지 가격의 차이 때문이다. 강남 아파트에 투자하는 것은 아파트에 투자하는 것이 아니라 아파트가 있는 강남이라는 토지에 투자하는 것이다. 결과적으로 여러분이 부동산 투자에서 성공하려면 토지를 볼 줄 아는 안목을 지녀야 한다.

빌라도 마찬가지다. 여러분이 빌라에 투자하는 것은 단순히 주택에 투자하는 것이 아닌 토지에 투자하는 것이다. 수중에 여유자금이 수억 원에서 수십억 원씩 있다면 강남의 아파트를 토지 투자로 보고 시작할 수 있지만, 사실 첫 투자부터 그렇게 시작하는 사람은 많지 않다. 따라서 우리는 돈이 없거나 여유자금이 적어도 투자할 수 있는 방법을 물색하는 것이고, 그것이 바로 빌라 투자인 것이다.

부동산 재테크는 간단하다. 산 가격보다 비싸게 팔아 수익을 남기는 것이다. 그렇다면 살 때는 싸게 사는 게 관건이고, 팔 때는 비싸게 파는 게 관건이다. 중개사무소 사장님께서 여러분에게 "이 가격이면 싼 거예요"라고 말하며 빌라 매수를 권할 때 선뜻 싼지, 비싼지에 대한 감이 오지 않을 것이다. 그런 의미에서 앞서 매매가 대비 공시 가격 비율이 높은 빌라에 중점을 두라고 말했다. 하지만 이렇게 했는데 후보에 오른 빌라가 여러 채 있거나, 공시 가격만으로 선택하기에는 불안감이 남을 수 있다. 이럴 때는 대지 평당 가격을 알아보면 좋다.

중개사무소 사장님들은 그 지역의 토지 가격을 잘 알고 있다. 물론 토지의 위치와 형상 등 개별성이 강하므로 획일적으로 같은 금액은 아니지만, 이 정도의 토지면 평당 어느 정도 가격에 거래된다는 데이터가 있다. 예를 들어, ○○동에서 도로에 접한 토지가 북향이면서 코너에 접해 있으면 평당 4,000만 원에 거래되지만, 북향이지만 코너가 아닌 땅은 평당 3,500만 원, 이보다 입지가 조금 떨어지는 토지는 평당 3,000만 원에 거래되는 식이다. 그러니 여러분이 매수할 빌라가 위치한 지역 중개사무소를 방문해 물어보면 평당 어느 정도 가격에 거래되는지 정보를 알 수 있다.

평당 가격을 알았으면 해당 빌라가 가진 토지의 가치를 알아볼 차례다. 등기사항전부증명서를 발급하면 해당 빌라에 부여된 대지권 면적을 알 수 있다. 참고로, 등기사항전부증명서는 대법원 인터넷등기소(www.iros.go.kr)에서 700원을 결제하면 누구나 열람할 수 있다.

Plus tip 대지권

공동주택의 구분소유자가 전유 부분을 소유하기 위해 건물의 대지에 대해 가지는 권리를 말한다. 공동주택이 들어서 있는 대지는 구분소유자의 공동소유인 형태를 띠고 있으며, 이에 해당 전체 면적 중 구분소유자가 가지는 권리를 면적으로 표시한 게 대지권이다. 대지권은 해당 주택의 집합건물 등기사항전부증명서를 열람하면 면적을 알 수 있다. '집합건물의소유및관리에관한법률'에 따라 대지권은 해당 공동주택의 소유권에 수반되어 이전되므로, 소유권과 별개로 거래할 수 없고 소유권이 이전되면 대지권도 당연히 수반되어 이전된다.

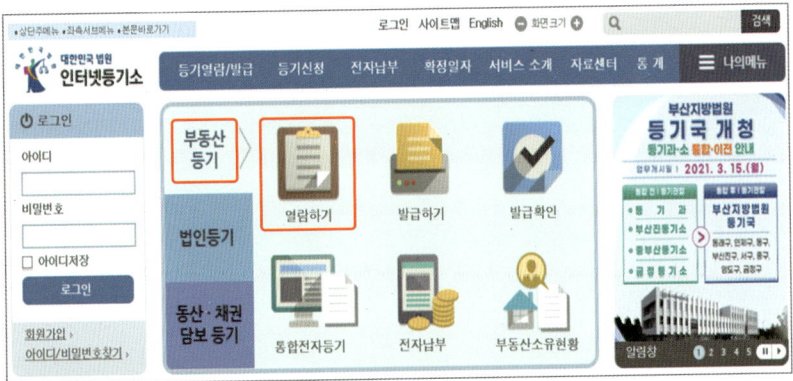

▲ 대한민국 법원 인터넷등기소 홈페이지에서 등기사항전부증명서를 열람할 수 있다

[집합건물] 서울특별시 송파구		제102동 제5층 제502호	
(대지권의 표시)			
표시번호	대지권종류	대지권비율	등기원인 및 기타사항
1	2 소유권대지권	203분의 28.8	2013년2월25일 대지권 2013년3월20일
2			별도등기 있음 2토지(을구1번,2번,3번,4번,5번,6번,7번 근저당권 설정등기) 2013년3월20일
3			2번 별도등기 말소 2013년7월8일

▲ 등기사항전부증명서에 28.8㎡(8.7평) 대지권 면적이 표기되어 있다(예시)

이렇게 등기사항전부증명서의 열람을 통해 대지권 면적을 알아내어 해당 토지의 평단가를 곱해보자. 예를 들어 대지권 면적이 8.7평이고 해당 주택의 토지 시세가 평당 3,000만 원이라면, 토지 가격은 2억 6,100만 원(3,000만 원×8.7평)이 된다. 그런데 해당 주택의 매매가가 2억 5,000만 원에 나왔다면, 토지 가격보다 더 싸게 토지+건물을 사는 셈이니 이득이다. 빌라를 구매할 때 이런 방식으로 접근하면 해당 빌라의 매매가가 싼지, 적정한지, 비싼지를 가늠할 수 있다.

공(공시지가 가격 비율)

앞서 우리는 공동주택 공시 가격(토지+건물 가격)은 부동산 공시 가격 알리미(www.realtyprice.kr)를 통해 알아볼 수 있다고 배웠다. 시세 대비 공시 가격 비율이 70% 이상인 빌라 중 비율이 높은 빌라일수록 더 투자 가치가 높다고 했다. 그다음, 검증법으로 토지의 현 시세와 대지권 면적을 곱해 토지 가치를 산정하는 방법도 배웠다. 이번에 말할 세 번째 검증 방법은 공시지가 가격 비율을 통해 검증하는 방법이다. 참고로 토지와 건물의 가격을 합해 공시한 것을 공시 가격이라고 하며, 토지만의 가격을 나타낸 것을 공시지가라고 한다.

공시지가를 알아보는 방법은 부동산 공시 가격 알리미, 토지대장, 토지이용계획서 등 다양하지만, 여기에서는 공시 가격과 동일하게 부동산 공시 가격 알리미를 통해 알아보자.

▲ 개별공시지가를 클릭한 후 해당 지역 주소를 입력하자

▲ 해당 지번의 ㎡당 개별공시지가를 알 수 있다(예시)

　　공시지가 가격 비율을 통해 알아보는 방법은, 해당 빌라의 대지권 면적(m^2)에 개별공시지가를 곱한 후 이를 매매가로 나누는 방식이다. 필자가 많은 빌라를 거래해본 결과, 개별공시지가 비율이 35% 정도 이상이면 투자 가능성이 큰 경우가 많았다(투자자 입장에서는 개별공시지가 비

율이 높을수록 더 투자 가치가 있다). 예를 들어 ㎡당 개별공시지가가 491만 원, 해당 대지권 면적이 28㎡, 매매가가 2억 5,000만 원 경우를 계산해보면 (491만 원×28㎡)/2억 5,000만 = 54%다. 이는 시세 대비 개별공시지가 비율 기준인 35%를 훨씬 상회했으므로 투자 가치가 높다고 보는 것이다.

다만, 한 가지 염두에 둘 점은 지역마다 지역적 특성이 존재할 수 있다는 점이다. 예를 들어 강남권일 경우에는 토지 가격(공시지가)이 높고, 비강남권일 경우에는 토지 가격(공시지가)이 상대적으로 낮다. 그럴 때는 공시지가 비율을 낮춰 기준을 잡아주면 좋다.

한눈에 이해하는 빌라 투자 방정식

빌라 투자 방정식

1. 5가지 조건 : 역세권, 필로티 구조, 발코니 존재, 거실 크기, 허름한 곳

2. 공(공동주택 공시 가격) · **대**(대지 평당 가격) · **공**(공시지가 비율)

- 공 $\left(\dfrac{\text{공동주택 공시 가격}}{\text{매매 가격}}\right)$ = 70% 이상

- 대 $\left\{\dfrac{\text{매매 가격}}{\text{대지 면적(평)}}\right\}$ = 인근 단독주택 평당 가격 이하

- 공 $\left\{\dfrac{\text{개별공시지가} \times \text{대지 면적(m}^2\text{)}}{\text{매매 가격}}\right\}$ = 35% 이상

필자는 2019년에 문정동에 위치한 빌라에 투자했는데, 이 기준에 적용해보자. 당시 필자가 매수한 가격은 1억 5,500만 원이었는데, 왜 필자가 이 빌라를 선택했는지 기준에 적용하면 이해가 쉬울 것이다.

공(공동주택 공시 가격)

공시기준	단지명	동명	호명	전용면적(㎡)	공동주택가격(원)
2020.1.1	아트빌	아트빌	501	31.68	153,000,000
2019.1.1	아트빌	아트빌	501	31.68	145,000,000
2018.1.1	아트빌	아트빌	501	31.68	136,000,000

▲ 공시 가격 내역

2019년 당시 공동주택 가격이 1억 4,500만 원이기에,

$$\frac{공시\ 가격\ 1억\ 4,500만\ 원}{매매\ 가격\ 1억\ 5,500만\ 원} = 93\%$$로 기준인 70%를 훨씬 상회했다.

대(대지 평당 가격)

해당 빌라는 2010년 2월 준공된 빌라로, 대지 지분은 19.17㎡(5.8평)이었다. 매매가 1억 5,500만 원을 대지 지분인 5.8평으로 나누면 평당 2,670만 원이다. 당시 인근 단독주택 토지 가격의 시세가 평당 3,000만 원이었는데, 해당 빌라는 토지 가격보다도 저렴한 가격에 지은 지 9년 된 건물까지 덤으로 얻는 식이었다(그만큼 급매였음을 뜻한다).

공(공시지가 비율)

가격기준연도	토지소재지	지번	개별공시지가	기준일자	공시일자
2020	서울특별시 송파구 문정동	-10번지	4,750,000 원	01월 01일	2020/05/29
2019	서울특별시 송파구 문정동	-10번지	4,490,000 원	01월 01일	2019/05/31
2018	서울특별시 송파구 문정동	-10번지	4,150,000 원	01월 01일	2018/05/31
2017	서울특별시 송파구 문정동	-10번지	3,895,000 원	01월 01일	2017/05/31

▲ 공시지가 내역

  2019년 빌라를 매입할 당시 개별공시지가는 449만 원이었다. 해당 빌라의 대지 면적이 19.17㎡이므로 이 둘을 곱하면 약 8,600만 원이 나온다. 이 수치를 매매가 1억 5,500만 원으로 나누면 55%가 나온다($\frac{449만\ 원 \times 19.17㎡}{1억\ 5,500만\ 원}$). 따라서 기준치인 35%를 훨씬 상회했으므로 투자 가치가 높은 것이다.

  이처럼 5가지 기준(역세권, 필로티 구조, 발코니 존재, 거실 크기, 허름한 곳)을 맞춘 빌라를 찾은 뒤, '공·대·공' 기준을 더하니 투자 여부가 매우 확실하게 드러나지 않는가! 거듭 강조하지만, 투자를 결정할 때, 여러 가지 지표나 데이터가 많으면 투자 여부를 선택하기 쉽다. 앞서 투자한 빌라는 1억 5,500만 원에 매매한 뒤, 1억 7,500만 원에 전세를 놓아 돈이 전혀 들지 않고도 2,000만 원이 남았다. 지은 지 9년 된 빌라라서 손볼 곳도 거의 없어 이 물건을 살 때는 취득세 및 중개수수료로 지불한 260여만 원이 비용의 전부였다. 그러므로 여러분도 해보길 바란다. 필자처럼 여러 개의 검증 단계를 거쳐 투자를 결정하게 된다면, 여러분도 흔들림 없는 투자를 지속적으로 유지할 수 있을 것이다.

본인만의
기준을 세우자

　기준을 세우고 빌라 투자에 접근하면 '싸다, 비싸다'는 감이 훨씬 잘 집힌다. 실제 빌라 투자 현장에 가보면 좋은 물건을 소개받고도 확신이 안 서 망설이는 사이 다른 투자자가 계약하는 경우도 많다. 그러므로 투자의 세계에서 무엇보다 중요한 점은 정확하고 빠른 결정이다. 그러기 위해서는 기준이 있어야 하고, 앞서 필자가 말한 기준을 참조하면 여러분의 빠른 결정에 도움이 될 것이다.

　덧붙이자면, 필자의 기준을 응용해도 좋다. 필자는 1차 역세권(도보 5분 거리) 투자를 좋아하고, 2차 역세권(도보 10분 거리) 투자는 되도록 신중하게 한다. 다만, 1, 2차 역세권을 불문하고 가장 중요한 건 가격이다. 또한 공동주택 가격 비율 70% 이상, 대지 평당 단가 이하, 공시지가 가격 비율 35% 이상인 빌라를 선호한다고 말했다. 하지만 매번 똑같이 적용하는 것은 아니다. 부동산 경기가 좋으면 좀 더 기준을 낮취 적용할 수도 있고, 경기가 좋지 않으면 기준을 더 높일 수도 있다. 자신이 투자에 신중한 성격이라면, 필자의 기준보다 더 높여 물건을 찾아도 좋고, 공격적인 투자자라면 필자보다 기준을 더 낮춰 물건을 찾아도 된다.

사람마다 성향이 다르고 투자 스타일도 다르다. 그렇기에 필자의 기준을 절대적으로 강요하는 것은 아니다. 필자는 이런 기준으로 투자하고 있으니 이를 토대로 여러분도 본인 스타일에 맞는 기준을 만들어 투자의 기준점으로 삼으면 좋을 것이다. 누누이 말하지만, 기준이 없으면 빠른 결정을 내리기 어려워 물건을 놓치기에 십상이다. 좋은 물건은 여러분이 선택할 때까지 기다려주지 않는다. 물건을 찾는 부지런함과 빠른 선택을 결정하는 기준이 더해지면 여러분의 투자가 빛을 발할 것이다. 미리 투자 기준을 정하면 투자가 쉽고, 투자하기 전부터 수익이 될 물건인지, 그렇지 않을 물건인지 판단을 빠르게 내릴 수 있다.

가격이 떨어지지 않는 빌라

"정말 이대로 따라 하면 돈을 벌 수 있나요?", "그러다 빌라 가격 내려가면 어떡하니요?" 등의 질문을 많이 받는다. 누누이 말하지만, 아무 빌라나 사라고 권하는 게 아니다. 오를 만한 곳에 위치한 빌라를 저렴한 가격에 사서 플러스피로 전세 놓고 있으면 투자금 부담이 없으면서 오히려 돈이 남아 다른 부동산에 재투자할 수 있다. 또한 보유하고 있는 사이, 가격이 오르니 이보다 더한 투자가 어디 있겠는가! 한 예를 보자.

필자가 2006년 송파구 문정동에 위치한 빌라(전용 19.5㎡)를 1억 7,100만 원에 낙찰받아 잔금을 납부(2006.4.17.)한 후, 3개월 만에 1억 9,500만 원에 팔았다(2006.8.1.). 시간이 흘러 해당 빌라의 등기사항전부증명서를 발급해보니 필자에게 빌라를 샀던 매수인은 이후 8년간 보유하다 2억 9,500만 원에 팔았다(2014.3.28.). 8년 동안 약 1억 원 정도 가격이 올랐으니 그리 많이 오른 건 아니라고 볼 수 있지만, 전세를 놓았다면 투자금이 거의 들지 않았을 테니 보유하는 동안 전혀 부담이 없었을 것이다. 이후 이 빌라는 재건축 바람이 불어 가격이 조금씩 오르더니 정비조합이 설립되며 매년 1억 원씩 올라 5년 동안 5억 원 이상 가격이 올랐다(2019.12.23.). 이후에도 이 빌라는 재건축 진행 단계가 진행될수록 매년 1억 원씩 오르고 있다. 그러니 잘 투자한 빌라 한 채가 정비사업까지 이어지면 얼마나 많은 수익이 들어오는지 짐작이 갈 것이다.

10	압류	2006년3월22일 제11591호	2006년3월22일 압류(징수부-308)	권리자 국민건강보험공단송파지사
11	소유권이전	2006년4월17일 제29364호	2006년4월17일 임의경매로 인한 매각	소유자 황성수 서울 송파구
12	9번임의경매개시결정, 10번압류 등기말소	2006년4월17일 제29364호	2006년4월17일 임의경매로 인한 매각	
13	소유권이전	2006년8월1일 제61355호	2006년7월4일 매매	소유자 75-****** 성남시 분당구 구미동 비-815 거래가액 금195,000,000원
13-1	13번등기명의인표시변경	2006년9월21일 제72609호	2006년8월21일 전거	김 의 주 문정동 와
14	소유권이전	2014년3월28일 제21746호	2014년1월22일 매매	소유자 서 -28 대치동 거래가액 금295,000,000원
14-1	14번등기명의인표시	2019년12월23일	2019년8월21일	

순위번호	등 기 목 적	접 수	등 기 원 인	권리자 및 기타사항
	변경	제196681호	주소변경	56,5동 (문정동 아파트)
15	소유권이전	2019년12월23일 제196683호	2019년8월21일 신탁	수탁자 문정동136번지일원재건축정비사업조합 244271- 서울특별시 송파구 새말로 154, 3층(문정동)
	신탁			신탁원부 제2019-19512호

▲ 필자가 3개월 만에 판 빌라가 13년 후 재건축이 진행되었다

그러므로 입지 좋은 빌라를 저렴한 가격에 선택해서 플러스피 전세를 맞출 수 있다면, 걱정하지 않아도 된다. 토지는 부증성으로 더 이상 늘어나지 않는다. 재개발이든, 재건축이든 세대수를 늘리는 아파트를 지으려면 빌라를 허물고 짓는 수밖에 없다. 물론 이런 정비사업은 입지는 좋은데 노후한 건축물이 밀집한 곳에 집중될 것이다. 수요는 많은데 공급이 적어 공급량을 늘릴 수밖에 없기 때문이다. 따라서 인구가 줄어들지 않을 곳 또는 갈수록 인구가 늘어날 곳, 공급이 한정적인 곳, 교통환경이 좋은 곳에 빌라 투자를 하면 결코 손해 보지 않을 것이다. 특히 요즘처럼 소규모 재건축사업이나 가로주택정비사업, 자율주택정비사업 등의 재개발이나 재건축이 진행될 예정인 곳의 빌라들에 선행 투자한다면 충분한 수익을 얻을 수 있다.

PART
06

왕초보도 쉽게 시작하는 빌라 투자 방법

부동산 텃밭을 가꾸자

처음 빌라 투자를 하려고 한다면, 어디서부터 어떻게 시작해야 할지 막막할 것이다. 먼저 본인이 주로 활동하는 지역과 가까우면서 수시로 갈 수 있는 곳, 시세 흐름을 잘 파악할 수 있는 곳을 정한다. 단, 수익이 날 만한 지역이어야 하며, 본인이 보유 중인 종잣돈 규모와도 맞아야 한다. 사는 곳과 가깝다는 이유로 오르지도 않을 지역의 중개사무소를 찾아다니는 것은 헛수고이며, 투자 규모가 커 종잣돈 규모와 맞지 않는 곳을 자꾸 기웃거리면 허탈함이 몰려올 수 있다. 겉도는 투자자가 아닌 실투자자가 되기 위해서는 수익이 날 만한 지역 중 종잣돈 규모에 맞는 곳을 선정하는 것이 좋다.

지역을 선정했으면 그 동네 중개사무소를 방문한다. 처음에는 어디 중개사무소를 가야 할지 막막할 텐데, 거의 모든 중개사무소를 들른다는 생각으로 방문하면 좋다. 투자가 목적임을 말하며, 매매가 대비 전세가 비중이 높은 투자 물건을 소개해달라고 하자. 매매가보다 전세가가 더 높은 플러스피 투자 물건이면 더욱 좋다. 물론 이렇게 소개받았다고 다 투자하라는 뜻은 아니다. 검증단계가 필요한데, 앞서 말했던 '5가지 조건+공·대·공'을 적용해본다.

자, 어떤가. 쉽지 않은가! 하지만 여러분이 뭘 어려워하는지 필자도 잘 안다. 글로 읽긴 쉬워도 막상 중개사무소 문턱을 넘으려면 얼마나 망설일지 안 봐도 훤하다. 무슨 말을 해야 할지도 난감하고, 차갑게 대하면 어떡할까 하는 두려움도 있을 것이다. 그런데도 어찌 되었든 중개사무소 문턱을 넘는 과정은 꼭 필요하다. 다만, 모든 중개사무소 사장님이 친절하기를 기대하지는 말아야 한다.

필자도 많은 중개사무소를 다녀봤는데 그중에는 친절하게 적극적으로 나서는 사장님도 있고, 소극적으로 나오는 사장님도 있다. 플러스피에 대해 적극적인 사장님이 있는가 하면, 그렇게 하면 사기(?) 아니냐며 플러스피를 폄하하는 사장님도 있다. 그러니 방문한 몇몇 중개사무소의 반응이 영 시원치 않아도 걱정하지 말자. 인근 중개사무소를 전부 다 거치다 보면 그중 분명히 적극적인 마인드로 호의적으로 다가오는 사장님이 있으니 말이다. 필자는 중개사무소의 문을 나오면 간단한 메모를 한 후, 집으로 돌아와 중개사무소 이름, 위치, 연락처, 성별, 특징 등을 적으며 정리한다.

번호	부동산	위치	연락처	연락처	성별	특징
1	골		숭실대	02-6	남	전세자신없다
2	레		장승배기	02-8	758 여	호의적
3	레		숭실대	02-3	550 남	호응좋음
4	명		래미안아파트	02-8	여	아파트만취급하는듯
5	명		숭실대	02-8	449 남	호의적,법인ok
6	모	산	상도역	010-	038 남	열심
7	미		상도역(건너)	02-8	800 남	법인ok
8	신	안뱅크	숭실대	02-8	800 부부	소극적
9	상		상도역	02-8	1842 여	상냥함
10	슈		상도역	02-8	142 부부	플피 뭐라함
11	스		장승배기	02-8	591 남자	호의적,법인ok
12	신		강남초	02-8	여	법인ok
13	신		장승배기	02-8	523 여	적극적
14	지	산	숭실대		72 남	그냥그냥
15	집		상도역		330 여,남	중개법인
16	청		상도역	010-	536 남	서툼
17	탑		장승배기	02-8	여	문자달라
18	태	산	숭실대	02-8	672 남	호의적,법인ok
19	탱		숭실대		752 여	문자달라
20	팔		장승배기	02-8	여	소극적
21	헌	산	상도역	02-8	여	좋음
22	현	산	상도역2번		할아버지	답답
23	네		피터맨보고		546	젊은사람들
24	클		직방에서		702	적극적
25	에		매수부동산		009	
26	상	헤티	장승배기		513 여	보통
27	철	산	상도동	02-8	787 여	호의적
28	대	산			513	
29	리		상도동	02-8	여	별로
30	오		상도동	02-8	554 남	보통
31	뉴		상도동	02-8	남	없으면 붙이겠다
32	신		상도동(건너편)	02-8	800 남	괜찮음
33	제	중개	장승배기	02-8	025 남	
34	렌		숭실대	02-6	6883 여	보통
35	호		숭실대	02-6	1114 여	소극적

▲ 필자가 정리한 중개사무소 내역(노란색은 호의적인 중개사무소인데 그중에서도 적극적인 곳은 빨간색으로 구분해 표시함)

이렇게 정리한 중개사무소 리스트를 보고 사장님의 마인드가 긍정적인 곳들 위주로 다시 방문하면 된다. 특히 투자 물건에 높은 안목을 지닌 분, 친절하면서 플러스피에 적극적인 마인드를 가진 중개사무소는 일주일에 한 번씩 방문해 친분을 쌓도록 하자.

커피값에 정성이 있다

그 지역에 가보면 아파트 권역, 업무시설 권역, 빌라 권역 등 주거지 및 업무시설이 구분되어 있는 경우가 있다. 그래서 아파트 중개만 전문으로 하는 사장님도 있고, 오피스텔 중개를 전문으로 하는 사장님도 있다. 또한 지역 분석 전문가, 인근 시세 전문가, 물건 전달 전문가, 물건 협상 전문가 등 중개사무소 사장님마다 갖고 계신 특화 분야가 있다. 하지만 직접 그분들을 겪어보지 않고는 어느 분이 일을 잘하는 분인지 구분할 수가 없다. 그러니 되도록 그 지역에서 많은 중개사무소를 들러보길 권한다. 그 후 내게 친절하게 해준 사장님, 능력 있는 사장님을 골라 집중적으로 잘하면 좋은 성과가 있을 것이다.

호의적이고 능력 있는 중개사무소를 일주일에 한 번씩 주기적으로 방문할 때는 스타벅스 커피를 사 들고 가면 좋다. 굳이 스타벅스 커피를 콕 짚어 말하는 이유는 그래야 여러분을 각인시킬 수 있기 때문이다. 저렴한 커피를 들고 오는 사람은 많으니 차별화를 두려면 전략적으로 나가야 한다. 그 동네에 스타벅스 매장이 없다고 중개사무소 근처에서 아무 커피나 사 가지 말고 발품을 팔아서라도 스타벅스 커피를 사서 들고 가야 한다. 이것도 다 투자이니 커피값을 아까워하지 말자. 실제로 필자도 호의적인 중개사무소에 일주일에 한 번씩 스타벅스 커피를 사 들고 가는데, 처음 1~2주는 기억을 못 하던 사장님이 3주째 되던 날 방문하니 "오, 스타벅스 사장님 오셨네요?" 하며 먼저 알아봐주셨다.

사실, 능력 좋은 중개사무소 사장님 옆에는 투자자들이 많이 있다. 물건은 한정적인데 좋은 물건 달라는 투자자는 많을 때, 여러분이 사장님이라면 누구에게 물건을 소개해주겠는가? 당연히 평소에 자신에게 잘했던 고객이 먼저 떠오르지 않을까? 그러니 여러분을 어필할 좋은 기회인 커피값에 너무 인색하지 말자. 베푸는 만큼 돌아오는 법이다.

점점 텃밭을 넓혀가자

　친절하고 능력 있는 중개사무소를 일주일에 한 번씩 지속해서 방문하면서 사장님과 친해지면 좋다. 필자는 이 과정을 '텃밭 관리인 선임'이라고 칭한다. 앞에서 말했듯, 내가 투자하고 싶은 지역(텃밭)을 관리해주는 중개사무소라는 뜻이다. 이런 중개사무소에 방문해 본인도 투자클럽에 다니며 투자에 관심이 많고, 본인 주위에도 투자할 사람들이 많다는 제스처를 취하면 좋다. 부동산 중개는 한 번 거래로 끝나는 게 아닌, 매수 → 전세 → 매도의 일련 과정이 끊임없이 연결되기 때문이다.

　중개사무소 입장에서는 실거주로 한 건 투자하고 말 사람보다는 본인 및 주위에 투자하려는 사람이 많은 사람에게 좋은 물건을 먼저 소개하게 된다. 물건을 소개받으면 어떤 매물이며(왜 매물로 나오게 되었는지), 가격은 어떤지, 향후 시세의 흐름은 어떨지, 다른 물건과 가격 차이는 어떤지 등을 자세히 따져보자. 그 후 앞서 말한 빌라의

5가지 조건과 공·대·공을 적용해 투자 여부를 판가름하면 좋다.

  투자자인 여러분은 이런 방식으로 중개사무소를 물색하며 텃밭을 넓혀나가면 좋다. 한 동네로 만족하지 말고 다음엔 옆 동네, 그 옆 동네, 그 옆옆 동네 식으로 점차 범위를 넓혀나가면 어느새 꽤 넓은 지역을 투자 유망 지역으로 거느리는 전업 투자자가 되어 있을 것이다.

중개사무소
선택하는 요령

사람이 많은 중개사무소 vs 사람이 없는 중개사무소

여러분이 중개사무소를 방문하려고 한다. 한 곳은 사거리 코너 자리에 넓게 위치한 중개사무소로, 근무하는 사람도 많고, 고객도 많아 북적북적하다. 다른 한 곳은 동네 안쪽에 있는 중개사무소인데, 근무하는 분은 한두 분 정도이며 한산하다. 여러분이 그 지역에 첫 임장을 가거나 잘 모르는 지역일 때는 한산한 중개사무소에 먼저 방문해야 한다. 그래야 그 지역 소식과 정보 등을 브리핑받을 수 있다. 바쁜 중개사무소는 다른 계약 고객들 신경 쓰느라 한가하게 브리핑해줄 시간이 없는 경우가 많다(찬밥 대우를 받을 수 있다).

그 후 여러분이 계약할 때는 한가한 중개사무소보다는 바쁜 중개사무소를 가는 게 좋다. 물론 그전에 한가한 중개사무소에서 원하는 가격에 협상을 잘 이끌어주면 좋지만, 필자의 경험상 그렇지 못한 경우가 많았다. 바쁜 중개사무소는 고객이 자주 찾는 이유가 있는데, 그만큼 일을 잘하기 때문이다. 필자 경험에도 다른 중개사무소에서는 가격 협상을 끌어내지 못했는데, 바쁜 중개사무소는 필자가 원하는 가격에 계약을 이끌어준 경우가 많았다.

오래된 중개사무소 vs 새로 개업한 중개사무소

그 지역에서 개업한 지 오래된 중개사무소(간판을 보면 오래된 흔적이 보인다)에는 매물이 많아 다양한 집을 볼 수 있는 장점이 있다. 또한 사장님은 그 지역에서 오랫동안 중개 거래를 하다 보니 지역 사정에 밝다. 따라서 매매할 물건을 찾을 때는 오래된 중개사무소를 방문하는 게 좋다.

반면 본인의 부동산을 임대 놓을 때는 새로 개업하거나 개업한 지 얼마 안 되는 깨끗한 중개사무소에 물건을 내놓는 게 좋다. 이제 막 개업한 중개사무소는 보유한 물건이 많지 않아 절실하기에 어떻게든 계약을 성사시키려고 노력한다. 그러니 이런 곳에 임대 물건을 내놓으면 원하는 가격에 계약이 잘되는 경우를 많이 겪었다.

남자 사장님 vs 여자 사장님

사실 중개사무소 사장님의 성별에 따라 능력이 더 좋고, 나쁘고의 기준은 없다. 하지만, 필자의 경우엔 여자 사장님이 필자가 원하는 가격과 진행 방향으로 센스 있게 거래를 잘 이끄는 경험이 많았다. 여러분들도 여러 사장님을 만나다 보면 어느 분이 더 잘 맞는지 감이 올 것이다. 다만, 필자가 말하고 싶은 핵심은 성별의 문제가 아닌, 사장님 개개인의 능력이다. 사장님도 부동산에 실전 투자하고 있는 분이라면 지역 사정에 더 밝고 물건 발굴 능력도 뛰어나다. 이런 자세한 내막은 대화를 나눠보면 실제 투자까지 병행하는 분인지, 그렇지 않은 분인지 가늠할 수 있다. 될 수 있는 대로 실전 투자를 해본 사장님께 의뢰하는 게 얻는 정보가 더 많다.

이사 갈 집을
먼저 계약하지 말자

지금 사는 집에서 다른 곳으로 이사하려고 하는가? 그렇다면 지금 사는 집을 매도할지, 아니면 전세나 월세를 놓을지를 먼저 선택해야 한다. 그렇지 않고 이사 갈 집을 먼저 계약하고 나중에서야 살던 집을 매도할지, 전세 놓을지를 고민한다면 다음의 사례에서처럼 생각지도 않은 가격에 매매해야 할지도 모른다.

시간에 쫓기면 가격을 내릴 수밖에 없다

2014년 6월에 준공된 준신축 투룸 빌라가 매매로 나왔다. 역세권 2분 거리에 위치해 인근 시세로 보면 2억 원대 초반에 형성되어야 할 빌라 매물이지만, 어찌 된 일인지 시세보다 20% 이상 저렴한 1억 6,000만 원에 매물이 나와 있었다. 집주인의 급한 사정과 위반건축물에 등재되어 있어 손쉽게 가격 협상이 되어 1억 4,900만 원에 필자가 매수했다.

계약서를 작성한 후에 매도자의 자세한 사정 이야기를 듣게 되었다. 처음 신혼집으로 이 신축빌라를 분양받아서 입주해 살면서 나름 괜찮게 살았다고 한다. 그러는 사이 직장의 이동으로 직장 인근으로 이사할 일이 생겼다. 이사 갈 집을 계약하기 전에 현재 살고 있던 인근의 중개사무소에 동향을 물었는데, 매매하거나 전세를 주더라도 쉽게 나간다는 이야기를 들었다고 한다. 그래서 안심하고 이사 갈 집의 계약을 먼저 끝마쳤다.

그 후 중개사무소에 살던 집을 전세로 내놨는데, 생각지 못한 일이 발생했다. 건축물대장에 '위반건축물'의 등재가 발목을 잡은 것이다. 이로 인해 중개사무소에서는 난색을 보였으며, 전세를 맞추기가 어려워졌다. 할 수 없이 전세를 포기하고 매매를 의뢰했으나, 이사 갈 곳의 날짜가 촉박해 매매가를 계속 낮출 수밖에 없었다. 그 덕분에 필자는 6년 차 준신축 투룸에 역세권에 위치한 빌라를 생각지도 못한 낮은 가격에 매수했으며, 위반건축물임에도 불구하고 1억 7,000만 원에 전세를 맞추었다. 게다가 나중에 세입자의 사정으로 다시 전세를 1억 7,500만 원에 조금 더 높여 맞춘 덕분에 결국엔 돈 한 푼 없이 빌라를 매수했고, 현금으로 2,600만 원이라는 플러스피가 만들어졌다.

▲ 디스코앱에서 조회한 해당 빌라의 실거래 내역

이 대목에서 우리가 알아야 할 점이 있다. 우선 위반건축물이라 하더라도 전세자금대출이 가능하다는 점이다. 앞서 해당 주택의 인근에 있는 중개사무소에서는 단순하게 위반건축물이라서 전세자금대출이 안 나온다는 고정관념을 갖고 있었다. 그래서 전세를 맞추려고 시도조차 하지 않았으며, 설령 한 곳의 은행에서 전세자금대출이 안 된다고 하더라도 계속해서 대출상담사나 다른 은행에 문의했다면 이상 없이 대출을 받을 수 있었을 것이다.

또한 매도인이 심리에서 밀린 원인도 크다. 전세 또는 매도하기 전에 먼저 이사 갈 집부터 계약했다는 점은 시간에 쫓길 가능성이 크다. 계획했던 대로 전세든 매매든 거래가 되었으면 문제가 없었겠지만, 이사 갈 곳의 날짜는 다가오는데 집은 거래가 되지 않으니 결국 생각지도 않은 가격에 매매할 수밖에 없었다.

따라서 어떤 일이 있더라도 먼저 행동을 취하지 말고, 살던 집의 계약을 마친 후 돈이 들어오는 날짜에 맞춰 이사 갈 집을 계약해야 한다. 전세도 마찬가지다. 살던 집의 전세를 먼저 계약하고 나서 그 전세 기일에 맞춰 본인이 이사 갈 집의 전세를 계약해야 한다. 그렇지 않으면 시간에 쫓겨 많은 손해를 볼 수 있다.

플러스피를 싫어하는 중개사무소, 직거래로 승부하자

통상적으로 부동산 전세가가 매매가보다 낮지만, 꼭 그런 것은 아니다. 전세가가 매매가보다 높은 플러스피도 얼마든지 가능하다. 그런데도 플러스피를 싫어하는 중개사무소 사장님도 분명히 있다. 한 예로, 1억 5,000만 원에 매매한 빌라를 1억 8,000만 원에 전세 놓는다고 했을 때, 미쳤다(?)는 시선으로 필자를 바라본 사장님도 있었다. 그때 필자가 사장님께 물었다.

"사장님, 이 지역에서 제 빌라와 비슷한 수준의 빌라가 1억 8,500만 원에 거래되고 있는 게 맞나요?"

"네, 그건 맞아요."

"그럼 1억 8,500만 원을 기준으로 삼을 때, 1억 8,000만 원의 전세는 가능하겠네요?"

"네, 그건 가능하지요."

"그럼, 제 빌라도 전세 1억 8,000만 원을 받아도 무리가 없는 거잖아요."

"에이, 그래도 그건 안 되지요. 매매가가 다른데…."

"???"

이처럼 필자가 싸게 매수해서 단지 매매가가 낮을 뿐, 그 지역의 거래 시세 대비 전세가를 산정하면 충분히 승산이 있는데도, 단지 필자가 매입한 가격보다 전세가가 높다는 이유로 거부감을 보이는 사장님들이 있다. 이런 경우, 그 중개사무소에서 괜한 힘을 빼지 말고 다른 중개사무소를 찾아가는 것이 좋다. 다른 중개사무소에서 호의적인 모습을 보이면 그곳에서 거래하면 된다. 그런데 대다수 중개사무소에서 거부감을 보일 때는 어떻게 해야 할까? 이때는 직접 물건을 광고하면 된다.

대표적인 사이트가 네이버 카페 '피터팬의 좋은 방 구하기'다.

▲ '피터팬의 좋은 방 구하기'에 직접 매물을 올린 모습

매물주소	서울시 송파구 문정동 2 번지
매물가격 보증금 / 월세	전세 1억8천만원 (조절가능)
건물형태	원룸 + 거실 + 통베란다
공급 / 전용면적	공급평형 13평형 / 실면적 7.3평
방개수	방1개
해당층 / 전체층	5층중 5층 (옥상이용가능)
관리비	월3만원
관리비 포함내역	공용수도와 전기, 청소비
난방방식	개별난방(도시가스)
주차여부	가능
이사가능일	현재 공실
옵션정보	세탁기, 냉장고, 에어컨, 붙박이장, TV장, 보일러 새로 교체
문의 연락처	010-9289-

▲ 매물 내용을 적은 모습

▲ 매물 사진 모습

▲ 집 안 내부를 동영상 찍어 올린 모습

'피터팬의 좋은 방 구하기'에 빌라의 전세 매물 설명 및 사진과 동영상을 올려놓고 다음과 같은 부가적인 내용도 적었다.

> 송파구 문정동, 8호선 문정역에서 도보 8분 거리에 위치한 원룸 + 원거실 빌라입니다.
>
> 동향, 남향, 서향으로 배치되어 있어 채광이 매우 좋습니다. 5층이지만 막혀 있는 곳이 없어 전망이 아주 좋습니다. 또한 통 베란다와 작은 베란다가 별도로 있어 사용하기에 아주 편하고 좋습니다.
>
> 직거래로 진행하며, 불안할 경우 수수료 없이 중개사무소에서 계약 진행도 가능합니다.
>
> 현재 공실 상태이며, 이사는 언제든 가능합니다.
>
> 전화해주시면 바로 보여드리도록 하겠습니다(계약 시 바로 삭제하도록 하겠습니다).

이렇게 광고를 올리니 많은 분에게서 전화가 걸려왔다. 많은 전화 중에는 직접 전세 거래를 하고 싶은 수요자도 있었지만, 인근 중개사무소에서 걸려온 전화도 많았다. 해당 빌라 전세를 중개해도 되겠느냐는 문의 전화였다(이 말인즉, 중개 보수를 줄 것인지 묻는 말이다). 필자는 흔쾌히 동의했고, 이 중개사무소가 전세 중개를 거래해 1억 7,500만 원에 거래가 성사되었다.

이렇듯, 여러분이 조금만 움직이면 얼마든지 플러스피로 전세를 내놓을 수 있다. 좋은 빌라를 좋은 가격에 사서 내부를 깨끗이 인테리어하고 사진을 찍어 올리기만 하면 된다. 그러면 실수요자나 인근 중개사무소에서 연락이 온다. 필자는 빌라를 전세 놓을 때, 이 방법을 꼭 사용한다. 필자가 보유하고 있는 빌라 중 전세가 안 나가 고민한 적은 한 번도 없다. 그만큼 사기 전에는 철저하게 수요조사 및 가격조사를 했으며, 사고 난 후에는 임차인이 좋아하도록 깨끗하게 인테리어(돈을 많이 들이라는 뜻이 아님)를 마친 후, 높은 가격에 전세를 놓았다. 매매가보다 전세가가 높다며 손사래 치는 중개사무소를 상대하며 머리 아플 필요가 없다. 본인이 확신이 있으면 온라인 사이트에 직접 매물을 올려 직거래로 거래하면 된다. 혹시 상대방이 불안해하면 중개사무소에서 계약서를 작성하면 된다.

참고로 '피터팬의 좋은 방 구하기'는 1일 1 게시물이 원칙이다. 따라서 매물이 여러 개라면 하루씩 나눠 올리거나 회원 명의를 달리해서 올려야 한다. 그렇지 않고 하루에 여러 개의 매물을 올리면 게시물 횟수 위반으로 3일 정지를 당한다.

▲ 1일 1 게시물 위반으로 3일 정지되었던 모습

 Plus tip 　**당당한 모습을 보이자**

저렴한 가격에 사서 그보다 높은 가격에 전세를 놓는다면 대다수 중개사무소는 부정적인 반응을 보이는 경우가 많다. 그래서 필자의 강의를 듣고 플러스피 투자를 하는 수강생들도 중개사무소에 물건 내놓을 때가 제일 힘들다고 하소연한다. 이때, 필자는 "당당하세요, 전세를 비싸게 놓는 게 아니라 매매를 싸게 해 전세가 비싸 보일 뿐입니다"라고 말한다. 강한 정신력으로 흔들림 없는 멘탈 관리가 필요하다.

또한 실무에서 보면, 매매가보다 전세가가 높은 경우에는 전세자금대출이 안 나와 세입자 맞추기가 어렵다는 중개사무소의 하소연을 듣는 경우가 많다. 하지만 필자의 빌라에 전세 들어온 임차인들도 전세자금대출을 잘 받고 들어왔다. 전세자금대출은 임차인의 연봉에 의해 결정되는 것으로, 집값은 중요하지 않다. 따라서 어느 누가 이런 이유로 전세가를 낮추라고 요구한다면, 그에 순응하지 말고 당당하게 나서길 바란다.

결론 : 중개사무소에 당당하게 들어가서,
　　　 진실하게 요구하고,
　　　 합당하게 보답하자(중개수수료 + 지인 소개)

 **Plus tip** 자라 보고 놀란 가슴, 솥뚜껑 보고 놀라지 말자

▲ 신축빌라 갭투자 전세 보증금 먹튀 사건을 보도한 뉴스   출처 : 한국경제신문

간혹, 이런 기사들을 만난다 하더라도 주눅 들 필요 없다. 전세 사기의 수법이 날로 진화되고 있는 것이 사실이지만, 신축 다세대주택이나 다가구주택인 경우가 많다. 특히 신축의 경우에는 나중에 역전세가 일어날 확률이 높으며, 다가구주택의 경우에는 선순위 보증금이 많은 경우가 꽤 있어서 상당한 주의를 기울일 필요가 있다.

엘리베이터 없는
5층의 장점

    필자가 투자한 빌라 중에는 엘리베이터 없는 5층이 의외로 많다. 그렇다면 필자는 왜 5층 빌라에 투자했을까? 가장 중요한 이유는 대다수 사람들이 꺼리기 때문에 가격 협상의 여지가 높다는 점이다. 이 빌라를 매수하러 왔던 사람들은 다들 한마디씩 했을 것이다. 엘리베이터 없는 5층 빌라라 다리 아프다, 숨차다, 불편하다 등의 이유를 대며 말이다. 또한 그런 이유로 매수를 꺼렸을 것이다. 매도자 입장에서도 본인의 빌라가 엘리베이터 없는 5층이라 사람들이 싫어한다는 점을 잘 알고 있다. 따라서 필자가 나타나 가격 협상을 하면 먹힐 가능성이 크다. 매매가는 1억 7,000만 원이지만 1억 4,000만 원이면 생각해보겠다는 식으로 말이다. 매도자는 처음에는 그 가격에는 어림없다고 펄펄 뛰지만, 시간이 흘러도 집이 팔리지 않으면 결국 협상이 이뤄지는 경우가 많다. 협상을 통해 해당 빌라를 1억 5,000만 원에 산 뒤, 간단하게 수리를 마친 후 1억 8,000만 원에 직거래(피터팬의 좋은 방 구하기)를 내놓는다.

직거래를 내놓은 지 얼마 안 되어 집을 보러 오겠다는 사람이 있었다. 시간 약속을 정해 빌라 앞에서 만났는데, 오신 분은 총 세 분으로 아버지, 어머니, 직장에 갓 입사한 사회 초년생 딸이었다. 엘리베이터가 없는 5층이란 점은 알고 왔지만, 막상 계단을 오르니 부모님이 아주 힘들어하셨다. 게다가 여기저기 살피는 통에 5층 계단을 몇 번씩 오르내리니 더욱 힘들어하셨다. 결국 아버지는 자리에 털썩 주저앉으셨고, 어머니는 고개를 절레절레 저으셨다. 그렇게 세 분이 집을 보고 돌아갔다.

그로부터 사흘 후, 전화벨이 울려 받아보니 며칠 전 집을 보고 간 여성분(딸)이었고 전세 계약을 하고 싶어 했다. 전화로 약간의 가격 조정을 거쳐 1억 7,500만 원에 전세 계약이 합의되었고, 시간을 맞춰 만나 계약서를 작성했다. 계약서 작성을 하는 동안 잠시 부모님이 자리를 비운 사이 필자가 여성분께 여쭈어봤다.

"집 보러 오신 날, 부모님께서 많이 힘들어하시던데 어떻게 계약하게 되신 거예요?"

"아, 제가 괜찮으니 됐죠. 이 집에 부모님이 사실 게 아니잖아요."

"아, 그렇군요."

"또한 부모님은 5층까지 올라오기 힘드시니, 자주 안 오실 것 아니에요?"

"네? 아… 그렇군요."

이 일화는 투자자에게 시사하는 바가 크다. 엘리베이터 없는 5층 빌라가 불편한 것은 누구나 아는 사실이다. 하지만 그 점 덕분에 싸게 살 수 있는 장점이 있다. 또한 빌라를 사서 여러분이 실거주할 게 아니지 않은가! 이곳에 전세 사는 사람은 여러분이 아닌 임차인이다. 임차인이 50대 이상이면 모를까, 20~30대는 5층 계단을 무서워하지 않는다. 오히려 '부모님이 자주 안 오셔서 좋다', '공짜로 운동하니 좋다'는 이유로 5층을 선호하는 경우도 있었다. 그러므로 투자의 기준을 너무 본인의 시각으로만 보지 않았으면 한다. 이 공간에 살 사람이 누군지, 누구를 대상으로 전세를 놓을지, 나중에 매매한다면 누가 이 공간을 좋아할지를 파악해 그에 맞게 투자하면 된다. 그러니 엘리베이터 없는 5층은 싫다는 편견은 이제 그만 버리자.

Plus tip   단점을 장점으로 만드는 게 고수다

5층에 위치한 빌라 두 채가 매물로 나왔는데, 한 건물은 엘리베이터가 있고, 한 건물은 엘리베이터가 없다. 이 상황에서 물건을 고르라면 대다수의 사람들은 엘리베이터가 있는 건물을 고를 것이다. 필자도 엘리베이터가 있는 곳을 좋아한다. 하지만 문제는 엘리베이터가 있는 빌라는 생각보다 가격이 높다는 점이다.

우리가 원하는 것은 저렴한 가격의 급매물이고, 인테리어를 통해 부가가치를 더 얹어 플러스피를 만드는 것이다. 물론 엘리베이터가 있는 저렴한 급매물이면 더 좋겠지만, 이런 물건만 기다리는 것은 감나무 아래에서 감 떨어지기만을 기다리는 꼴이다. 진정한 투자자는 지속해서 현금이 창출될 수 있는 투자 시스템을 활용해야 한다. 그러기 위해서는 단점을 장점으로 만드는 방법을 활용할 줄 알아야 한다.

누수 걱정 없는
빌라 투자법

    신축 빌라는 누수 걱정이 덜하지만 지은 지 10년 이상 된 빌라 투자에 나설 때는 누수 걱정이 많을 것이다. 1층이 필로티 구조이고 2~5층까지 주거공간인 빌라의 경우, 2층은 아래층이 주차장이므로 누수 걱정이 없지만, 3~5층은 누수가 되면 아래층 천장이 젖는 사태가 발생해 보수 비용이 꽤 드는 경우가 많다. 물론 모든 빌라가 누수가 발생하는 것은 아니니 무턱대고 걱정할 일은 아니지만, 막상 누수가 발생하면 여러모로 신경 쓰이는 게 사실이다. 필자는 빌라 투자를 시작하면서 어떻게 하면 누수에 대한 리스크 방지를 할 수 있을지 고민을 했고, 생각해 낸 방법이 화재보험 가입이었다. 화재보험에 가입하면서 누수에 관한 특약(급배수시설 누출 손해)을 설정하는 것이다(누수보험이 따로 있는 게 아님).

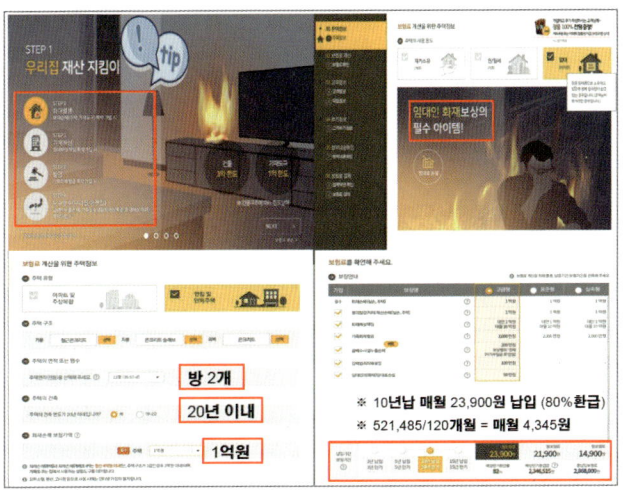
▲ 화재보험 가입 화면

　화재보험은 건축된 지 20년 이내의 주택은 가입할 수 있으므로, 지은 지 15년 이상 19년 이내의 빌라의 경우 화재보험에 가입해두면 좋다. 방 두 개, 건축연도 20년 이내, 화재손해 보험가액 1억 원으로 설정했을 때, 10년 납 기준 매월 부과되는 보험료는 약 23,900원이다. 보험 기간이 종료되면 80%는 환급되므로 실제 매월 부담하는 보험료는 약 4,300원 수준이다. 한 달에 4,300원씩 내고 누수 및 화재로부터 안전하게 내 집을 지킬 수 있으니 여러분도 화재보험에 들어두면 도움이 될 것이다.

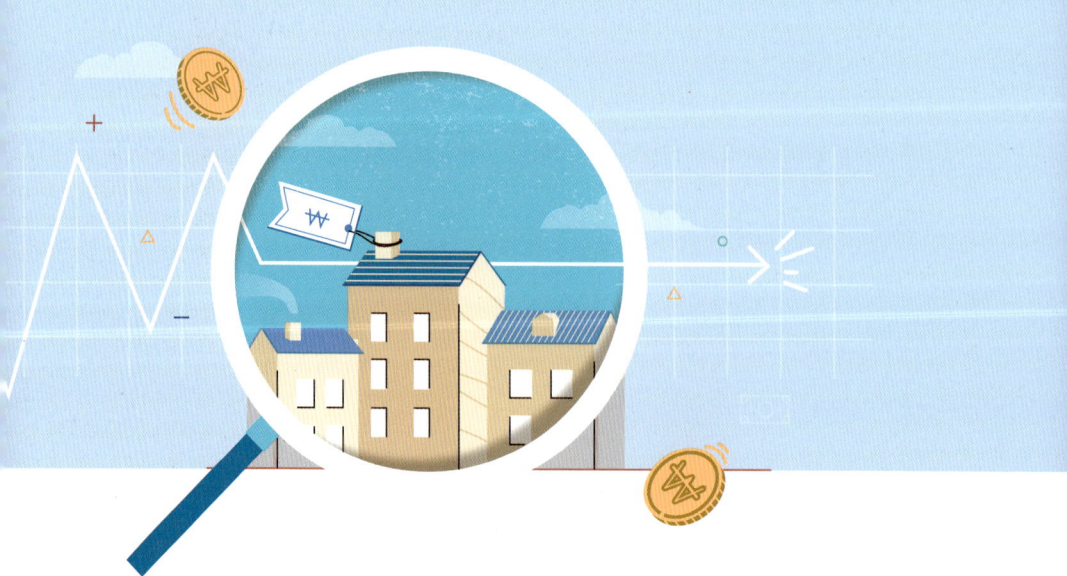

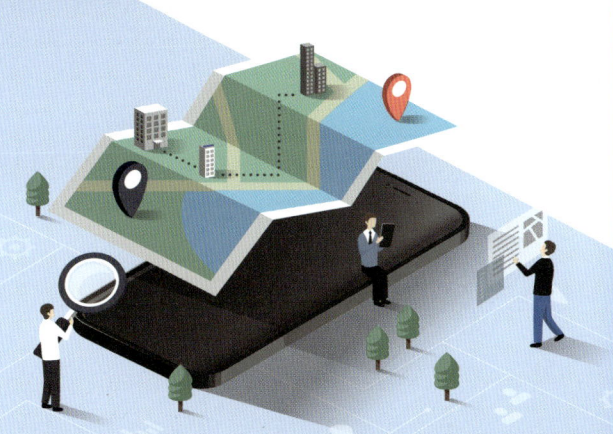

PART
07

급매 물건을 빨리 찾는 방법

다양한 부동산 앱을 활용한다

좋은 물건을 저렴한 가격에 사는 게 무엇보다 중요하다. 그러기 위해 중개사무소 사장님과 친분도 쌓으며 텃밭 관리를 한다. 하지만 중개사무소만 믿고 기다릴 순 없다. '목 마른 자가 우물을 판다'는 속담처럼, 간절히 원하는 자가 적극적으로 행동하는 게 무엇보다 중요하다. 그러므로 직접 매물을 찾아 나서는 게 좋다.

부동산 매물이 올라오는 사이트는 피터팬의 좋은 방 구하기, 직방, 다방, 네이버 부동산 등 다양하다. 컴퓨터로 검색해도 되고, 스마트폰에 해당 앱을 깔아 확인해도 좋다.

종류	모바일 앱의 특징
피터팬의 좋은 방 구하기	• 집주인들이 올린 매물이 많음 • No.1 부동산 직거래서비스 • 원룸/아파트/상가/사무실 이용 가능 • 매월 5만여 개 등록(방 빼고 싶을 때 효과 좋음)
직방	• 직방 VR 홈 투어 • 실거래 동향과 시세를 한눈에 볼 수 있음(실거래가 이지뷰) • 헛걸음 보상제-거주민 리뷰 • 전국 분양 정보 파악 가능
다방	• 국내 최초 오픈형 부동산 플랫폼 • 매물 조건과 사진만으로도 이용 가능 • 꼼꼼한 맞춤 필터(쉬운 방 찾기)
네이버 부동산	• 집주인 매물/확인 매물 • 꼭 사용하길 권함

 어느 앱이 더 우수하다는 것은 아니며, 사용자가 편한 앱을 사용하면 된다. 참고로 '네이버 부동산'은 꼭 사용하길 권한다.

 부동산 매물을 보면 다음의 5가지 사항을 체크해야 한다.

☑ 일반 매물인지 체크

☑ 급매물인지 체크

☑ 다시 나온 물건인지 체크

☑ 협상 가능성 있는지 체크

☑ 급매 중의 급매인지 체크

네이버 부동산
확인은 필수

가장 좋은 물건은 급매 중의 급매다. 하지만 중개사무소 사장님의 말만 듣고는 이게 진짜 급매 물건인지, 급매를 가장한 일반 물건인지 가늠할 수가 없다. 따라서 여러분이 직접 확인 후 접근하면 좋다. 그러기 위해서는 먼저 '네이버 부동산'에서 원하는 지역의 빌라 물건을 검색해보자.

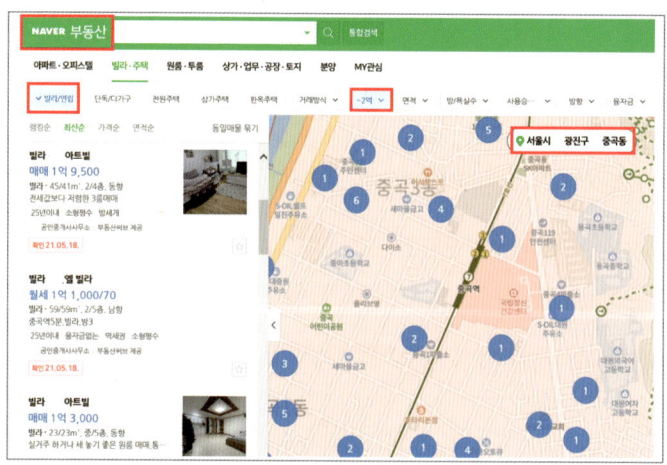

▲ '네이버 부동산'에서 빌라 매물을 검색한다(예시)

예를 들어, 서울 광진구 중곡동에 관심이 많다면 지역을 이렇게 설정해놓은 후 빌라/연립의 매매 물건을 검색한다. 원하는 가격대(예를 들어 2억 원)를 설정하면 더 효율적으로 검색할 수 있다. 물건이 나오면 위치, 평형대, 층수, 가격 등을 살핀다. 이런 과정을 일주일에 4회 반복한다. 이틀이 멀다 하고 물건을 검색하니 본 물건들이 대부분일 것이다. 일주일 동안 이 과정을 반복했으면, 둘째 주는 일주일에 3회 물건을 검색한다. 셋째 주는 일주일에 2회, 넷째 주는 일주일에 1회 물건을 검색한다. 이렇게 한 달이 지나면 여러분은 어느새 이 동네 빌라 가격을 거의 파악할 수 있게 된다.

광고에서 사라진 물건

물건을 지속적으로 검색하던 사이, 광고에서 사라진 물건이 있을 것이다. 물건이 사라진 원인은 2가지다. 첫째, 계약되어 사라진 것이다(집주인의 변심으로 매물을 거둘 수도 있지만 그런 경우는 많지 않다). 사라진 물건의 기억을 더듬으면 얼마에 나온 물건이 거래되는지 가늠할 수 있다. 이런 데이터가 쌓이면 위치, 평형대, 연식, 층수에 따라 어느 정도 가격에 거래가 완료되는지 알 수 있다. 이게 바로 거래되는 시세다. 그렇게 물건이 눈에 익으면 그다음에 나오는 물건의 가격만 봐도 싼지, 비싼지 가늠이 된다. 또한 지속적으로 네이버 부동산에서 물건을 살펴보고 있었으므로 나온 물건을 바로 알아챌 수 있다.

둘째, 물건 게시 기한이 넘은 경우 광고에서 사라질 수 있다. 일반적으로 네이버 부동산에 매물을 올리면 유지되는 기간이 한 달이다. 한 달이 넘으면 다시 매물을 등록해야 한다. 따라서 물건이 사라졌다가 동일 물건이 다시 등록되는 경우, 이 물건은 팔리지 않은 물건이다. 지속적으로 물건을 검색하라는 이유도 여기에 있다. 중개사무소에서 매물을 올린 등록날짜만 보면 최근에 접수된 물건처럼 보이지만, 실제로는 물건이 나온 지 한 달 이상이 된 것으로, 그만큼 물건이 잘 안 팔린다는 뜻이다.

자, 여기서 중요한 포인트가 있다. 물건을 꾸준히 검색해봄으로써 어느 빌라가 매물이 나온 지 꽤 시간이 넘었는데도 팔리지 않은 것을 알았다면, 이는 가격 협상에서 좋은 영향을 줄 수 있다. 집주인(매도인) 입장에서는 물건을 내놓자마자 바로 사겠다는 사람이 나오면 매매가가 너무 싼 게 아닌지 마음이 흔들릴 수 있다. 입장을 바꿔 여러분이 집주인이어도 같은 마음이 들지 않겠는가! 실제 부동산 거래 시장에서는 급매가 아닌 이상 빠른 시일 안에 매수자가 나타나면 매도가를 올리는 경우도 많다. 그런 의미에서 매물이 나온 지 시간이 지난 물건은 가격 협상에서 좀 더 수월할 수도 있다는 점을 뜻한다.

서울 부동산 정보광장에서 빌라 정보 찾는 법

 필자는 네이버 부동산에서 매매 나온 빌라를 검색한 후 서울 부동산 정보광장(land.seoul.go.kr) 홈페이지에서 '부동산 종합정보'를 클릭한 후 지번을 입력해 빌라에 관한 정보를 알아본다.

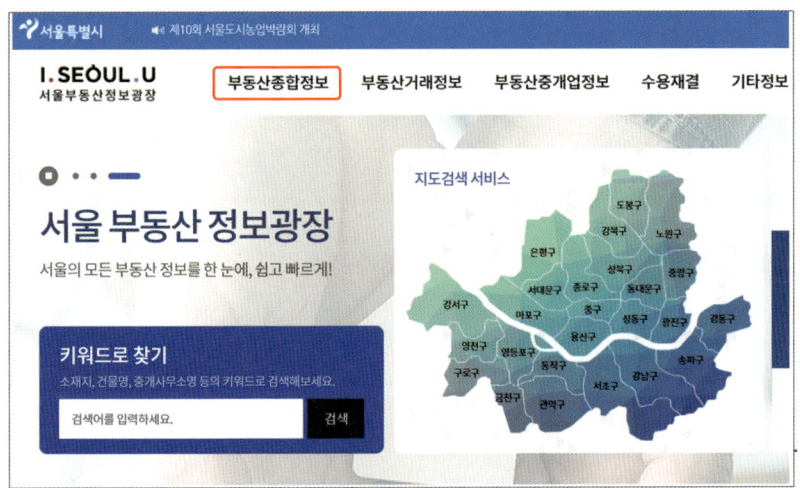

▲ 서울 부동산 정보광장 홈페이지

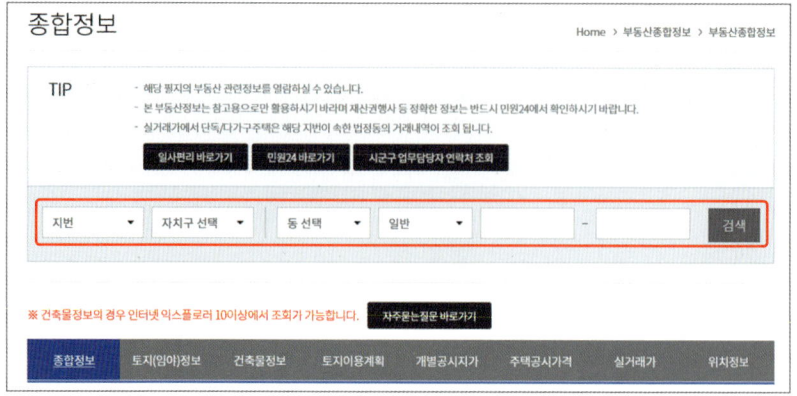

▲ 해당 빌라의 지번을 입력한다

　서울 부동산 정보광장을 이용하면 지번 하나만으로 다음과 같이 빌라의 토지 정보, 건축물 정보, 토지이용계획, 개별공시지가, 주택공시지가, 실거래가, 위치정보 등 다양한 정보를 한눈에 검색할 수 있다(페이지 관계상 일부만 게재함). 참고로, 경기도의 경우 '경기도 부동산 포털(gris.gg.go.kr)'을 통해 검색할 수 있다.

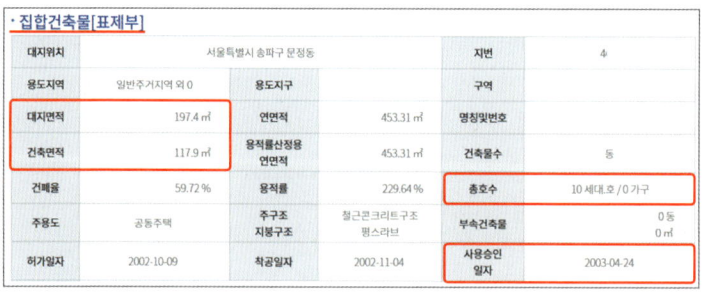

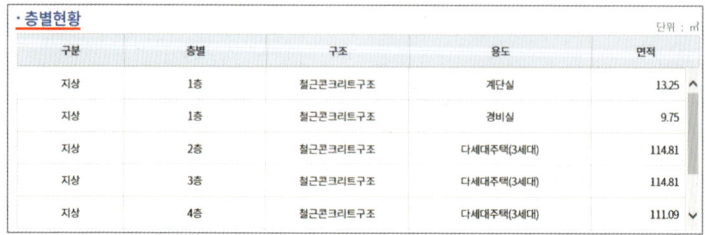

· 전유부 303호

동명칭및번호	층별	구조	용도	전용면적(㎡)	공용면적(㎡)
303호	3층	철근콘크리트구조	다세대주택	37.25	
303호	1층	철근콘크리트구조	경비실		.93
303호	각층	철근콘크리트구조	계단실		5.05

· 주차장

옥내 기계식	0대 0㎡	옥내 자주식	0대 0㎡	옥외 기계식	0대 0㎡	옥외 자주식	7대 80.5㎡

· 승강기

승용	0대	비상용	0대

· 개별공시지가

순번	기준년월	개별공시지가
1	2020년 01월	4,910,000
2	2019년 01월	4,670,000
3	2018년 01월	4,350,000
4	2017년 01월	4,080,000
5	2016년 01월	3,800,000
6	2015년 01월	3,610,000
7	2014년 01월	3,500,000
8	2013년 01월	3,380,000
9	2012년 01월	3,300,000
10	2011년 01월	3,160,000

손품으로 빌라 시세를 확인하자

　빌라의 현 시세를 알아야 매물의 가격이 싼지, 비싼지에 대한 감이 잡힐 것이다. 바야흐로 지금은 손품의 시대로, 앉아서 클릭 몇 번만으로도 시세 정보를 알 수 있다. 빌라 시세를 확인할 수 있는 사이트로 하우스머치(www.howsmuch.com)와 빌라시세닷컴(villasise.com) 등이 있다. 필자는 빌라시세닷컴이 정확도가 높은 경우가 많았지만, 이는 개인적인 의견이니 여러분이 편리한 사이트를 이용하면 좋을 것이다.

　참고로 빌라시세닷컴은 하나의 아이디로 하루에 세 개의 물건 시세만 조회할 수 있으니, 하루에 세 개가 넘는 물건의 시세를 조회하고자 할 때는 가족 명의로도 회원가입을 해 아이디를 병용하면 좋을 것이다.

▲ 하우스머치 홈페이지

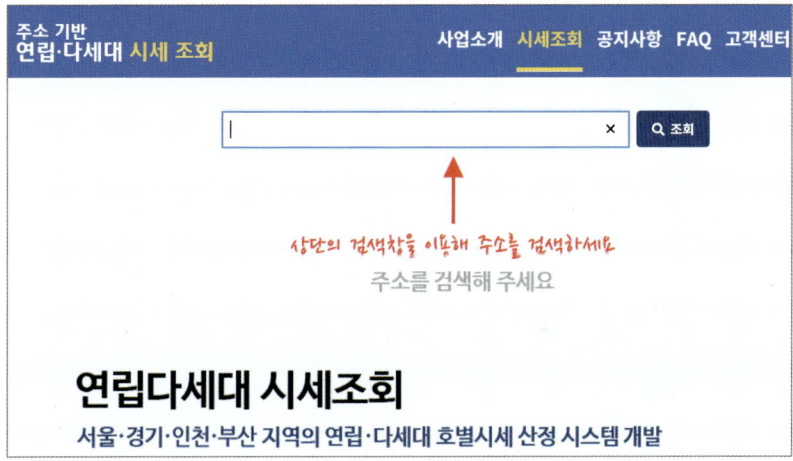

▲ 빌라시세닷컴 홈페이지

    더불어 빌라뿐만 아니라 아파트, 토지 등 거래 사례를 알 수 있는 부동산 디스코(www.disco.re)도 유용하다. 이 사이트도 필자가 꼭 검토하는 곳인데, 기존 빌라 시세와 현재 매물 시세를 비교해 가격이 낮거나 비슷하면 매수를 검토하지만, 기존보다 현 매물 가격이 많이 높으면 신중하게 거래하는 편이다.

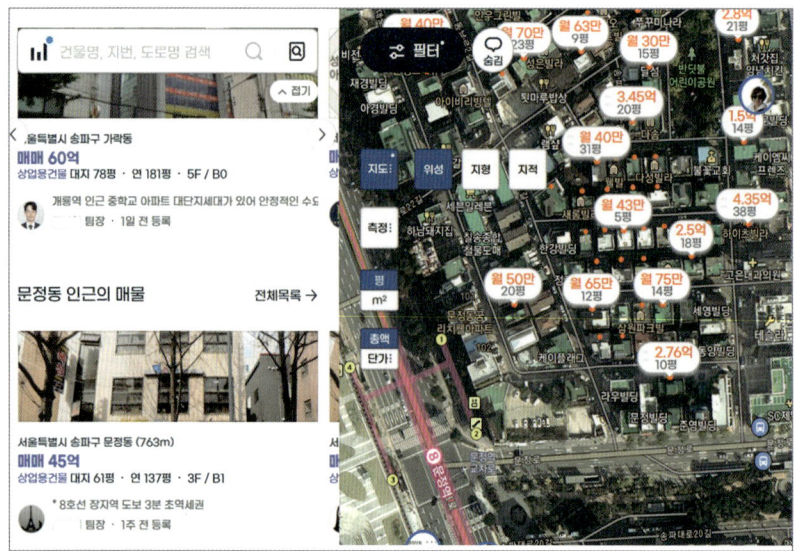

▲ 부동산 디스코 홈페이지

　이렇게 여러 사이트를 통해 해당 지역 빌라의 시세 및 거래 가격을 알면 물건을 보는 기준이 생기며, 이 기준을 세워두고 매물을 접하며, 파악을 하면 도움이 많이 된다. 만약 이런 기준 없이 무턱대고 매물을 접하면 싼지, 비싼지에 대한 감이 오지 않아 비싸게 물건을 사거나, 좋은 물건을 소개받고도 선뜻 결정할 수 없어 선택이 느릴 수밖에 없다 (머뭇거리는 사이 다른 투자자가 물건을 계약하는 경우도 많다).

건축물대장에서
꼭 확인해야 할 사항

모든 건물에는 건축물대장이 존재한다. 만약 건축물대장이 없다면 허가받지 않고 지은 무허가건축물이거나, 허가는 받았으나 여러 사유로 인해 준공검사를 받지 못해 건축물대장이 없는 경우다. 어쨌든, 대

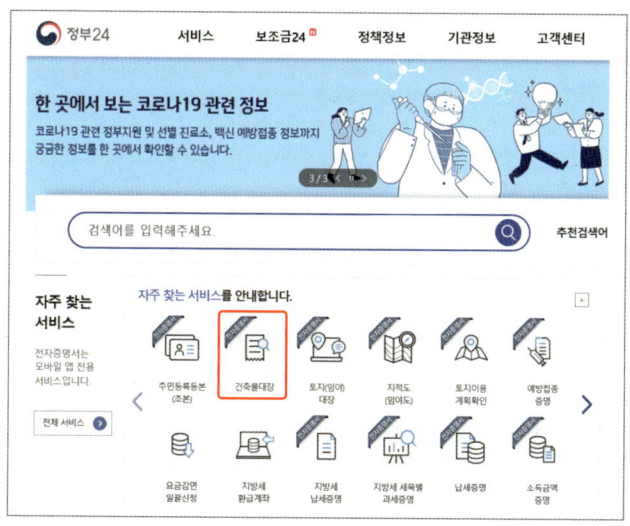

▲ 정부24 홈페이지

다수 건축에는 건축물대장이 존재하니 부동산 계약 전 건축물대장 확인은 필수다. 참고로 건축물대장은 '정부24(www.gov.kr)' 홈페이지에서 해당 지번을 입력 후 무료로 열람할 수 있다.

빌라, 불법 확장 여부를 살피자

건축물대장을 열람하면 건축물의 종류, 면적, 소유자 현황, 변동 사항 등을 알 수 있고, 해당 건축물에 위반사항이 있으면 위반건축물로 등재되기도 한다(다만, 위반사항이 있어도 적발되지 않았으면 위반건축물로 등재되지 않은 경우도 많다). 빌라에서 가장 많이 발생하는 위반사항은 베란다 불법 확장이다.

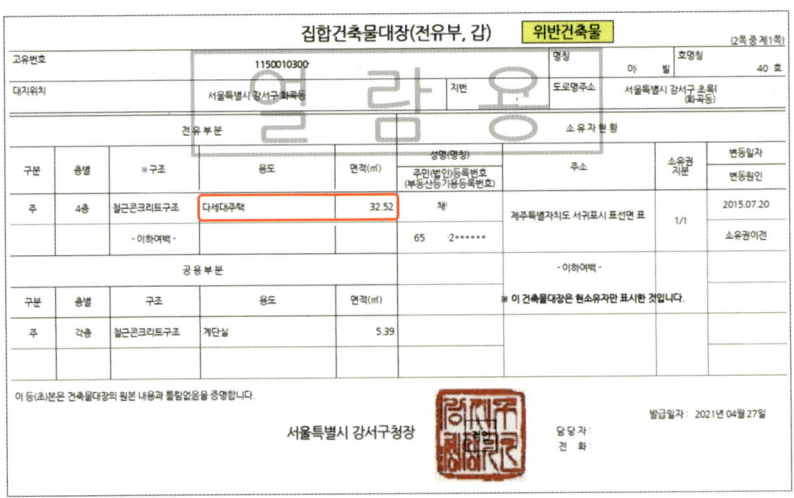

▲ 건축물대장에 '위반건축물' 표기된 모습(예시)

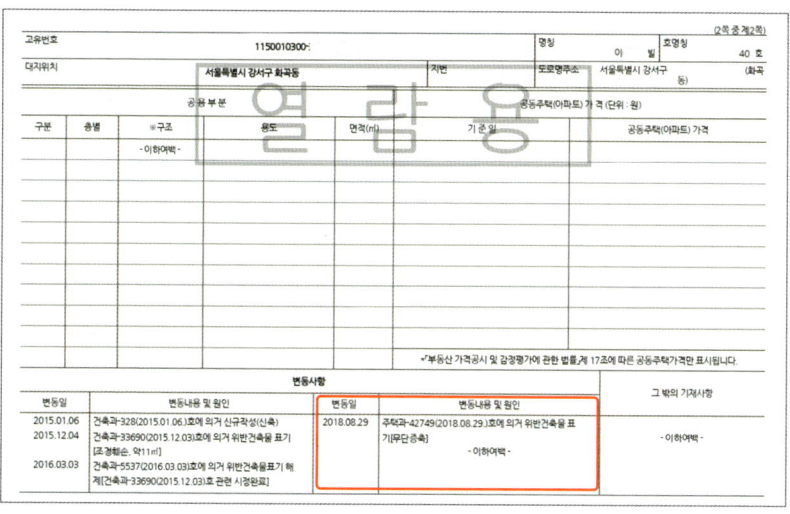

▲ 위반건축물로 지정된 날짜와 위반 내용이 표기되어 있다(예시)

일조권에 따른 불법 확장이 많다

　토지는 용도 지역에 따라 건축물 용도, 건폐율, 용적률 및 건축물의 형태가 달라질 수 있다. 전용주거 지역 및 일반주거 지역은 주거의 안정을 위해 일조권의 규제를 받는 토지로서, 건물의 모양새가 계단식으로 지어질 수 있다(일조권은 준주거 지역이나 상업 지역 등 다른 용도 지역에서는 적용되지 않는다). 참고로, 일조권이란 햇볕을 받아 쬘 수 있도록 법률상 보호되어 있는 권리로, 건축 시 정북 방향 인접대지경계선(인접한 대지와 붙은 경계선)으로부터 건물 높이 9m까지는 1.5m를 띄우고, 9m를 초과하는 부분 높이는 건물 높이의 1/2을 띄워야 한다. 이에 따라 건물이 온전하게 올라가지 못하고 한쪽으로 몰려 지어지는 현상이 발생한다(용적률 전부를 활용하지 못함).

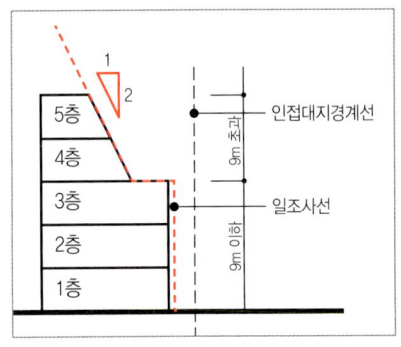 

▲ 일조권으로 인해 계단식으로 지어진 건물(예시)

　사진처럼 건물이 계단식으로 올라가는데, 이처럼 위층이 아래층보다 면적이 작아 아래층 지붕 위에 생긴 공간을 '베란다'라고 부른다. 참고로, 우리가 흔히 아파트 베란다라고 부르는 공간의 정식 명칭은 '발코니'다. 발코니는 건물의 외부에 거실의 연장으로 달아내어 만든 공간으로, 서양 건축에서 노대의 하나다. 발코니는 건물 외부에 달아 만든 공간이지만, 층별로 만들다 보니 천장이 있다. 발코니는 바닥과 천장이 있는 경우 확장 공사를 해도 불법이 아니다. 간혹 아파트에서 베란다 확장이라는 말을 쓰기도 하는데, 정식 표현은 발코니 확장이 맞는 표현이다.

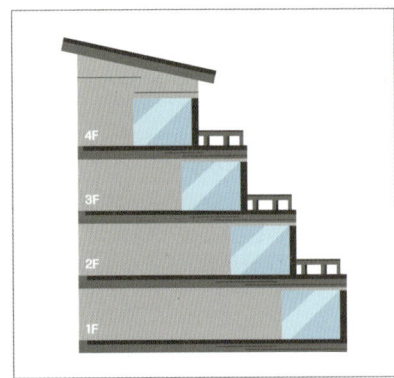 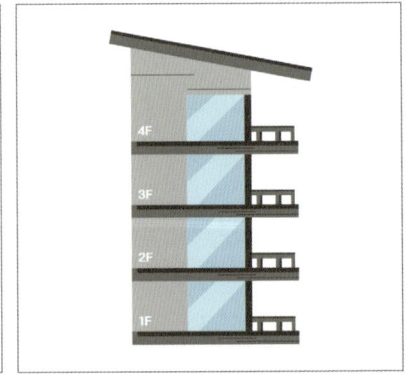

▲ 베란다　　　　　　　　　　▲ 발코니

다시 본론으로 돌아와, 빌라 건축 당시 일조권으로 인해 건물의 모양이 계단식으로 올라가며 베란다 공간이 생기게 되는 경우가 많다. 하지만 준공 검사를 받고 나면 이 공간에 천장을 덮고 내부 공간으로 사용하게 되는 경우가 많은데, 적발될 경우, 베란다 불법 확장으로 인한 위반건축물(무단 증축)이 된다.

▲ 베란다가 불법 확장된 모습(예시)

따라서 건축물대장을 살펴 위반건축물 여부를 살피고, 설령 건축물대장에 위반건축물로 표기되어 있지 않다 해도 현장에서 위반 여부를 살펴 계약 전 협상의 여지로 사용할 수 있다. 위반사항이 경미하다면 큰 문제가 아니지만, 위반사항이 크다면 협상을 통해 가격을 많이 깎아야 한다. 거듭 말하지만, 위반건축물을 무조건 사지 말라는 말이 아니다. 우리는 투자자다. 투자자는 수익을 낼 수 있으면 기꺼이 투자할 수 있다. 위반사항으로 인해 납부해야 할 이행강제금 규모와 그 외 부담해야 할 손실 정도를 측정해 그만큼 낮은 가격으로 매수하면 충분히 승산이 있을 것이다(위반 사실을 모른 채 가격을 높게 매수하면 그만큼 손실이 날 수 있다).

　위반건축물을 전세 놓을 때 전세자금대출이 가능한지를 질문하는 분들이 많다. 필자가 경험해본 바로는, 경미한 베란다 확장의 위반사항은 전세자금대출 실행에 문제가 없었다. 간혹 위반건축물은 무조건 대출이 안 된다는 은행도 있는데, 이럴 때는 다른 은행이나 다른 지점, 또는 대출상담사를 통해 여러 군데를 알아보면 대출이 가능한 곳이 있음을 알게 될 것이다. 그러니 대출이 안 된다고 쉽게 포기하지 말자.

　베란다 확장처럼 경미한 위반사항이 아닌, 건축물의 용도가 근린생활인데 불법 용도 변경으로 주택으로 사용하는 경우, 전세자금대출이 실행이 안 되는 경우가 많았다. 따라서 이런 주택을 구입할 경우, 전세자금대출을 받지 않는 임차인을 구하면 모를까, 그렇지 않은 경우 원하는 가격에 전세를 놓지 못해 손해로 연결될 수 있으므로 신중해야 한다(입지가 워낙 뛰어난 곳은 전세자금대출 없이 임차인을 구할 수 있지만, 그렇지 못한 입지는 신중해야 하므로 애초에 낮은 가격으로 매수를 해야 손해가 덜 할 것이다).

　덧붙여, 위반건축물인 물건을 매수했다면 양성화가 시행될 때 꼭 양성화 신청을 해서 불법건축물을 정상적인 건축물로 변경하기를 바란다. 위반건축물의 경우에는 5~8년 단위로 양성화 특별법에 의해 양성화를 시켜주고 있다. 양성화는 1980년도부터 2014년까지 총 다섯 차례 시행되었다. 따라서 필자는 위반건축물의 물건을 협상 포인트로 여거 저렴하게 매수하는 것을 추천하는 것이다. 가장 최근에 실시된 양성화가 2014년에 시행되었으니, 아마도 2022년에는 양성화 정책이 시행되지 않을까 조심스럽게 예측해본다.

노후에 따라
빌라 투자 방법이 다르다

앞에서 그 지역 건물들의 노후도가 얼마인지는 부동산 플래닛(www.bdsplanet.com) 홈페이지에서 검색이 가능하다고 말한 바 있다. 필자는 투자에 앞서 반드시 부동산 플래닛에서 해당 지역의 노후도를 살핀다.

▲ 1

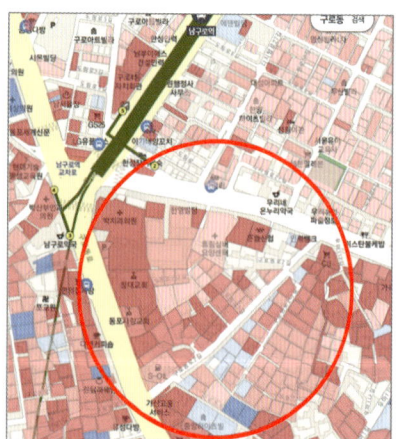

▲ 2

노후도는 30년 이상 노후가 많이 진행된 곳은 붉게 표시가 되고, 1~10년 빌라는 하늘색으로 표시가 된다. 한 예로, 1번 사진처럼 노후도가 낮은 건물들이 모여 있는 곳은 공공재개발인 2·4 대책과 상관없이 투자가 가능하다. 따라서 매매가보다 높은 전세를 놓을 수 있는 곳, 약간의 꾸밈을 통해 건물의 가치를 증가시킬 수 있는 곳, 향후 가격이 떨어지지 않을 곳 등을 살펴 투자하면 된다. 2번 사진처럼 노후도가 높은 곳은 향후 정비사업을 염두에 두고 투자해야 하는데 아무래도 2·4 대책으로 인해 지금 투자하기는 조심스러울 것이다. 기존에 투자해놓은 분은 건물 연식에 적절한 리모델링을 통해 건물의 가치를 증가시켜 전세를 놓고 있다가 향후 진행될 수 있는 정비사업에 초점을 맞추면 좋다.

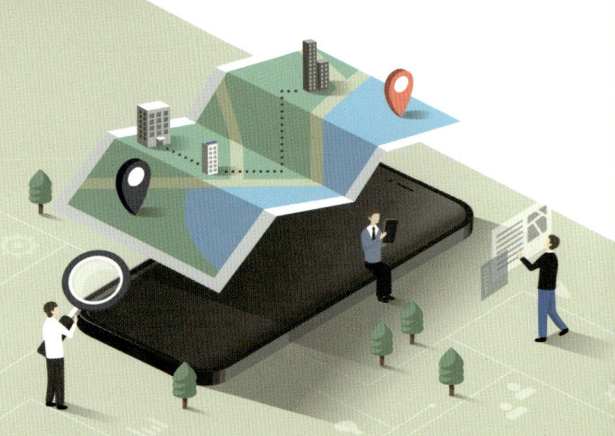

PART
08

상황에 따른 빌라 투자 대처법

공실인 빌라 매물인 경우

투자 순서도

1. 집을 본다.
2. 계약금을 지급한다.
3. 부동산 매매 계약서를 작성한다.
4. 인테리어 + 풀 옵션 가전기구를 설치한다.
5. 중개사무소에 전세 물건을 내놓는다. 경우에 따라 '피터팬의 좋은 방 구하기' 등 온라인 사이트에 직접 전세 매물을 올리는 게 나을 때도 많다.

핵심 : 매매가보다 높은 전세가

공실인 경우 계약 순서

1. 매매 계약 시 인테리어를 먼저 할 수 있는지 체크한다

미리 인테리어를 하는 것은 안 된다고 반대하는 분들도 중도금을 지불한 후에는 인테리어를 할 수 있도록 해주는 곳이 많다. 그러니 사전에 확인하는 게 좋다.

2. 매도자에게 매매가보다 전세가가 높을 수 있다고 인지시킨다

필자의 경우 매도자에게 "저는 이 집에 인테리어도 새로 하고, 가전 제품도 모두 1등급으로 풀옵션을 넣은 후 전세를 놓을 예정이라 매매가보다 전세가가 조금 더 높을 수 있습니다"라고 말한다. 그러면 대부분의 매도자는 이해한다. 만약 이런 언급 없이 전세 계약을 높게 진행하면, 잔금 시에 이를 안 매도자가 "사기 아니냐?"는 식으로 몰아붙여 등기를 넘기지 않겠다고 나온 적도 있다.

3. 전세 계약은 매도자가 하는 조건이며, 전세 대출에 동의해주는 조건이다

전세 계약금은 매매 계약의 중도금으로 처리한다.

4. 전세 계약 잔금일과 매매 계약 잔금일을 맞춘다

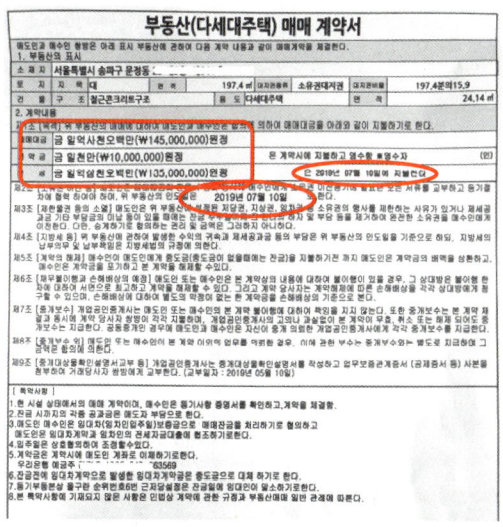

▲ 1억 4,500만 원 매매 계약서

▲ 1억 7,000만 원 전세 계약서(플러스피 2,500만 원)

집주인이 거주 중인 매물인 경우

집주인이 거주 중인 경우에는 미리 이사 갈 곳이 있는지 묻는다. 미리 갈 곳이 있다면, 앞의 공실인 경우와 같이 진행하면 된다. 중도금까지 넣은 후 집주인이 이사 가는 것이다. 반면, 집주인이 잔금까지 받아야 그 돈으로 이사 갈 수 있는 경우에는 조금 다른데, 필자 역시 이런 식으로 진행한 적이 있다. 투룸 빌라에 남성 혼자 사시는 분이었는데, 인테리어를 하고 전세를 내놓아야 하는데 어떡하면 좋을지를 정중하게 여쭈었다. 그러자, 집주인이 웃으며 대답했다. "우선 방 한 개와 거실을 먼저 인테리어 하시고 그동안 저는 다른 방 한곳에서 살다가, 인테리어를 마치면 제 짐을 인테리어 마친 방으로 옮길 테니 마저 인테리어 하세요."

얼마나 깔끔한 대답인가! 물론 식구가 많거나 먼저 인테리어 하는 것을 반대하는 경우에는 이렇게 진행할 수 없겠지만, 미리 선입견에 말도 못 꺼내는 것과 말이라도 꺼내서 이렇게 좋은 해결책이 나오는 것은 천지 차이다.

미리 속단하지 말고 말을 꺼내보자

한번은 매매 잔금일이 다가오도록 전세 임차인을 못 구한 일도 있었다. 보통 잔금일을 넉넉하게 해놓기 때문에 그사이 임차인을 구하는 경우가 대부분인데, 어찌 된 영문이지 그때는 맞추지 못했다. 매도인은 잔금을 받아야 그 돈으로 이사 갈 집의 잔금을 치른다고 말했던 터라 걱정이 많았다. 결국 잔금일이 될 때까지 임차인을 구하지 못했고, 필자는 미리 이런 사실을 집주인에게 전했다. 어떻게 되었을까? 잔금일에 집주인은 필자에게 등기를 넘기고 이사를 갔고(필자에겐 잔금이 꼭 들어와야 이사 갈 수 있다고 말했지만, 다른 여윳돈이 있었다), 못 받은 잔금은 집주인이 전세를 사는 형식으로 서류를 작성해 불안감을 지워드렸다. 그러므로 어떤 상황에 부닥쳤을 때, 미리 안 된다고 속단하지 말고 집주인에게 말을 꺼내보자. 또한 매매 내놓은 지 시간이 한참 지나도 팔리지 않은 경우, 될 수 있으면 매수인의 제안을 받아주는 경우도 많으니 여러모로 잘 소통하는 게 돈을 버는 길이다.

참고로, 공실인 경우엔 인테리어 후 '피터팬의 좋은 방 구하기'에 전세 직거래를 올릴 수 있지만, 집주인이 거주 중이어서 인테리어를 하지 못하는 경우 전세 직거래를 올리기 애매하다. 이런 경우, 인근 중개사무소에 도배, 장판, 싱크대, 붙박이장, 가전제품 풀옵션 등의 설치 예정을 상세히 알려 전세가 빨리 나갈 수 있도록 노력하자.

기존 전세를
승계하는 경우

    이미 임차인이 거주하고 있는 집을 매매로 구입하는 경우, 기존 임차인을 승계해야 한다. 이런 경우에도 앞서 집주인의 집을 구입하는 절차와 크게 다를 바 없다. 다만 기존 임차인의 전세 만기가 되면 임차인을 내보낸 후 인테리어를 마치고 더 높은 금액에 전세를 놓는 게 포인트다.

투자 순서도

1. 집을 본다.
2. 계약금을 지급한다.
3. 부동산 매매 계약서를 작성한다.
4. 소유권을 이전한다.
5. 전세 만기를 통보한다(매수인이 실거주가 아닌 경우. 임차인의 계약갱신청구권으로 기존 임대료에서 5% 인상을 상한으로 2년 연장될 수 있다).
6. 임차인이 나가는 경우 대출 및 가족론을 동원해 임차인의 전세 보증금을 돌려준다.
7. 인테리어 + 풀옵션 가전기구를 설치한다.
8. 중개사무소에 전세 물건을 내놓는다. 경우에 따라 '피터팬의 좋은방 구하기' 등 온라인 사이트에 직접 전세 매물을 올리는 게 나을 때도 많다.

핵심 : 매매가보다 높은 전세가

인테리어는
어디에 맡길까?

참고로 필자는 여러분에게 직접 셀프 인테리어를 하라고 권하는 것은 아니다. 솜씨 좋은 분들은 멋지게 셀프 인테리어를 할 수 있겠지만, 대다수의 분들은 인테리어를 직접 하길 두려워한다. 그러니 전문가에게 인테리어를 맡기는 게 속 편하다.

필자가 다양한 빌라에 투자하며 인테리어를 의뢰해 잘 알고 지내는 인테리어 전문가가 있다. 하지만 매번 이분에게 인테리어를 의뢰하는 것은 아니다. 그 이유는 해당 지역에 있는 인테리어 가게를 물색하는 게 더 낫기 때문이다. 만약 면목동의 빌라를 구입했다면 면목동에 위치한 인테리어 가게 몇 군데에 의뢰해 비교 견적을 받고, 문정동의 빌라라면 문정동에 위치한 인테리어 가게에서 견적을 받는 식이다. 물론 빌라 인테리어를 많이 의뢰해본 필자는 견적서만 봐도 어느 분의 가격이 합리적인지 척 하면 보인다. 어쨌든 요점은 그 지역에 있는 인테리어

가게를 이용한다는 점이다.

그렇다면 필자가 왜 이렇게 할까? 그것은 원활한 에이에스(AS) 때문이다. 인테리어를 마친 후 임차인이 거주하다 여러모로 하자(불편사항)들이 생길 수 있다. 그때마다 필자에게 전화할 텐데, 필자가 일일이 뛰어가 봐줄 수도 없는 일이고(봐도 모르는 경우도 많다), 그렇다고 멀리 있는 인테리어 전문가에게 가달라고 부탁하기도 애매하다(출장비가 꽤 나온다). 그러니 처음부터 그 지역 인테리어 전문가에게 일을 의뢰하면 에이에스가 수월하다. 임차인에게 전화가 오면 인테리어 사장님께 전화를 드려 현장에 가서 살펴봐달라고 말씀드리면 되기 때문이다.

Plus tip 인테리어 포인트

1. **조명, 화장실, 싱크대** : 임차인이 반하게 만들자.
2. **인테리어의 목적** : 내 집의 가치를 상승시켜 전세 1순위를 만들기 위함이다. 또한 고쳐놓은 덕분에 관리가 쉽다.
3. **콘셉트 결정** : 20~30대 여성이 좋아할 화이트톤, 깔끔하고 유행 타지 않는 무난한 집이 좋다. 조명은 밝고 예뻐 보이는 것을 선택하자.
4. **인테리어 견적** : 중개사무소 사장님, 단지 내 상가, 지역 맘 카페, 지인 소개, 방산 시장 등을 통해 알아본다. 다만, 너무 싸거나 비싼 곳은 피하는 것이 좋다.
5. **업체 선정** : 적정한 업체 세 곳 선정(대화가 잘 통하는지, 에이에스는 잘되는지, 서비스 품목은 무엇인지 파악하자)
6. **작업지시서 만들기** : 원하는 사항을 미리 적은 작업지시서를 통해 공사 실수를 줄일 수 있다.
7. **공사 및 에이에스** : 공사 진행 상황을 반드시 확인하며(철거, 타일, 가구 등), 에이에스 요청은 정중하게 한다. 경미한 것은 넘어가도 좋지만, 중요한 것은 반드시 이야기한다.

수강생 빌라 투자 사례

 필자의 특강을 듣고 실제 투자로 연결시킨 수강생들의 사례가 굉장히 많은데, 대표적으로 한 분의 사례를 이야기하려 한다(지면 관계상 많은 사례를 다 적지 못해 아쉽지만, 자세한 사항은 필자의 강의를 통해 전해드리겠다).

 서울 양천구 목동에 위치한 빌라에 투자한 펑짱님은 9호선 급행 염창역에서 도보 3분 거리에 위치한 원룸을 매입했다. 매매 금액은 1억 800만 원이었으며, 인테리어에 600만 원을 들인 후 1억 4,000만 원에 전세를 놓은 사례다(현 매매 시세는 1억 8,000만 원임).

▲ 수리하기 전 모습

▲ 인테리어 후 모습

인테리어 견적 : 약 600만 원

- 붙박이장 + 선반 : 120만 원
- 도배, 장판, 페인트 밑 작업 = 110만 원
- 욕실 도기 + 조명 + 배송 및 설치 = 90만 원
- 가전제품 : 190만 원(에어컨 설치비 20만 원 포함)
- 가구 및 패브릭, 인테리어 소품 등 90만 원
- 싱크대 및 화장실 타일은 그대로 두었고, 조명과 화장실 도기는 인터넷으로 주문, 가전은 LG 1등급으로 했다. 몸만 들어와 바로 거주할 수 있는 콘셉트로 세팅했다.

여러분이 보기에도 수리하기 전과 후의 모습에 매우 큰 차이가 있지 않은가! 그런데도 인테리어 비용은 600만 원밖에 들지 않았다. 필자가 인테리어를 한 후 전세를 놓으라고 하는 이유도 바로 이러한 부분에 있다. 만약 매입 후 바로 전세를 내놓았으면 매매가보다 3,000만 원이나 높은 플러스피 투자는 어려웠을 것이다. 인테리어는 적은 비용으로 빌라의 가치를 크게 높이는 효과가 있다. 마치 맨얼굴보다 화장한 얼굴이 화사하고 생기 있어 보이는 것과 같은 이치다.

젊은 시절, 여러분이 소개팅을 나갈 때 맨얼굴로 나가지는 않았을 것이다. 집을 전세로 내놓는다는 것은 임차인과의 소개팅과 다름없다. 한눈에 내 집에 반하게 만들려면 그만큼 공을 들여야 한다. 다만 값비싼 옷으로 치장하고 나간다고 소개팅에 반드시 성공하는 게 아니듯, 인테리어도 값비싸게 하는 것은 큰 의미가 없다(그만큼 높은 비용이 소요되니 말이다). 적절한 비용으로 최대한의 효과를 뽑는 인테리어를 위해 인테리어 책 한 권쯤은 읽어보는 수고를 들여야 하며, 여러 군데 비교 견적

도 받아보고 본인의 의사도 적극적으로 제시해보자.

 **Plus tip**　　인테리어에 필요한 관련 사이트

- **레몬테라스** : 인테리어 활용 팁
  https://cafe.naver.com/remonterrace

- **하우스텝** : 도배·장판 - 최저가, 직접 매장 방문 가능(서울·경기권)
  https://www.houstep.co.kr

- **오늘의 집** : 인테리어 소품 등 활용, 아이디어, 시공 관련 포털
  https://ohou.se

무료로 인테리어를
배울 수 있다

    자고로 '아는 만큼 보이는 법'이다. 인테리어도 아는 만큼 보이고, 요구할 수 있다. 그러므로 인테리어를 직접 배울 수 있는 현장이 있으면 참조하면 도움이 될 것이다. 바로 집수리닷컴(jibsuri.seoul.go.kr)이다. 이는 서울시에서 운영하는 사이트로, 선착순 선정되면 8만 원(식대 비용임)에 집수리를 배울 수 있는 곳이다(서울 시민만 가능).

▲ 집수리닷컴 홈페이지

1. 2021년도 집수리 아카데미 기초과정 연간 일정 (총12회/360명)

기초과정 회차	교육기간	구분		교육인원 (회차당)
1회차	3월 22일 ~ 4월 13일	주중반	월화반	30명
2회차	3월 25일 ~ 4월 16일	주중반	목금반	30명
3회차	4월 17일 ~ 5월 9일	주말반	토,일반	30명
4회차	4월 19일 ~ 5월 11일	주중반	월화반	30명
5회차	4월 22일 ~ 5월 14일	주중반	목금반	30명
6회차	5월 15일 ~ 6월 6일	주말반	토,일반	30명
7회차	5월 17일 ~ 6월 8일	주중반	월화반	30명
8회차	6월 17일 ~ 7월 9일	주중반	목금반	30명
9회차	7월 10일 ~ 8월 8일	주말반	토,일반	30명
10회차	8월 9일 ~ 8월 31일	주중반	월화반	30명
11회차	8월 12일 ~ 9월 3일	주중반	목금반	30명
12회차	8월 14일 ~ 9월 5일	주말반	토,일반	30명

※ 교육내용 : 기초 집수리 과목 이론과 실습

시행일	강의내용	교육형태	시간
1일차	오리엔테이션, 공구사용법	이론+실습	6시간(오전 + 오후)
2일차	전기	이론+실습	6시간(오전 + 오후)
3일차	기획, 철거, 건축목공, 단열1	이론+실습	6시간(오전 + 오후)
4일차	단열2	이론+실습	6시간(오전 + 오후)
5일차	타일	이론+실습	6시간(오전 + 오후)
6일차	페인트	이론+실습	6시간(오전 + 오후)
7일차	도배	이론+실습	6시간(오전 + 오후)
8일차	설비, 수료식	이론+실습	6시간(오전 + 오후)

기초 수업은 일주일에 2회씩 4주(8회)에 걸쳐 진행되는 수업인데, 공구 사용법부터, 전기, 철거, 단열, 타일, 페인트, 도배 등 인테리어에 걸쳐 전반적인 내용을 배울 수 있다. 또한 기초 과정을 거친 후에는 심화 과정을 배울 수 있다.

※ 교육내용 : 화장실 공간 리모델링

시행일	강의내용	교육형태	시간
1일차	오리엔테이션, 화장실 리모델링 기획	이론+실습	6시간(오전 + 오후)
2일차	화장실 철거	이론+실습	6시간(오전 + 오후)
3일차	배관, 방수	이론+실습	6시간(오전 + 오후)
4일차	단열	이론+실습	6시간(오전 + 오후)
5일차	타일 공사(벽타일 등)	이론+실습	6시간(오전 + 오후)
6일차	타일 공사(바닥타일 등)	이론+실습	6시간(오전 + 오후)
7일차	천정마감, 전기	이론+실습	6시간(오전 + 오후)
8일차	설비	이론+실습	6시간(오전 + 오후)

심화 수업도 일주일에 2회씩 4주(8회)에 걸쳐 진행되며, 화장실 공간 리모델링에 관한 교육을 한다. 화장실 철거, 배관, 방수, 단열, 타일 공사, 천장 마감, 전기, 설비 등에 대해 배울 수 있는 유용한 시간이다. 필자도 인테리어 수업을 듣고 싶어서 여러 차례 신청했지만, 매 회차마다 30명 정원이라 순식간에 마감되어, 네 번 도전 끝에 신청이 완료되어 수업을 들을 수 있었다.

▲ 필자도 집수리닷컴을 통해 인테리어 수업을 받았다

거듭 강조하지만, 인테리어를 배워서 직접 하라는 것은 아니다. 여러분이 어느 정도 인테리어에 대해 알고 있으면 일을 맡길 때 부담이 없어 훨씬 수월하다. 빌라 투자를 할 때 인테리어는 필수이므로 이 기회에 좋은 교육을 배워두면 두루두루 요긴하게 쓸 것이다.

절대 실패하지 않는
빌라 투자법

1. 빌라1을 플러스피로 만든다.

2. 매년 공시 가격 의견 제출과 이의 신청을 한다(공시 가격이 낮아야 재산세가 적다. 단, 아파트 및 15년 이하 빌라는 매년 공시 가격이 올라 이의 신청이 반영되지 않는 경우가 많다. 15년 이상된 구축 빌라는 공시 가격 이의 신청이 일부 반영되어 공시 가격이 낮아지는 경험을 했다).

3. 빌라2를 플러스피로 만든다.

4. 매년 공시 가격 의견 제출과 이의 신청을 한다(공시 가격이 낮아야 종부세가 적어진다).

5. 빌라1의 전세가를 5% 올린다.

6. 플러스피된 금원과 전세 보증금을 올린 자본으로 빌라2 전세 만기 시에 반전세로 전환한다(월세 수입 시작).

7. 빌라3을 플러스피로 만든다(이런 식으로 빌라 투자를 계속 진행한다).

8. 매년 공시 가격 의견 제출과 이의 신청을 한다(간주임대료에서도 제외된다).

9. 올라도 안 팔고 내려도 안 판다. 회복해도 안 판다.

10. 항상 급매매를 계속해서 찾는다.

11. 빌라의 전세 만기 시마다 5%씩 인상한다(계속 진행한다).

12. 매달 월세 나오는 자금으로 매년 재산세와 종부세를 납부한다.

13. 어느 순간 소규모 주택 재개발·재건축 또는 자율주택정비사업/지역주택조합에 해당되어 대박을 터트린다(단, 다음 세대가 될 수도 있다).

나만의 다세대(빌라) 성공 투자법

❶  빌라1 ➡ 플러스피로 만든다(매년 공시 가격 의견 제출+이의 신청).
전세 만기 시마다 ➡ 5% 상향

❷  빌라2 ➡ 플러스피로 만든다(매년 공시 가격 의견 제출+이의 신청).
전세 만기 시마다 ➡ 5% 상향

❸  전세 만기 ➡ 반전세로 전환한다(월세 수입 창출).
➡ 세금 납부

❹  **재건축·재개발**
(정비 사업) ➡

고민하다 6,000만 원
수익을 놓치다

 필자는 15년 전부터 빌라 투자를 해왔고, 현재도 투자가 진행 중이다. 수많은 빌라를 사고 전세 놓고, 매매하는 과정을 겪으며 필자 나름대로 데이터가 축적되어 빌라 투자는 돈이 된다는 확신이 있다. 물론 제대로 된 빌라에 투자한다는 전제로 말이다. 많은 빌라를 거래하고 있지만, 역세권이라고 무조건 다 사는 것은 아니다. 여러 가지를 따져 살 때도, 사지 않을 때도 있는데, 2020년에 고민하다 사지 않은 한 빌라는 필자에게 아쉬움으로 남아 있다.

 2019년 10월, 가락동에 위치한 빌라 매물을 만났다. 지하철역에서 도보 3분 거리에 위치한 빌라로 입지가 매우 좋았다. 매도 시세는 2억 6,000만 원에서 2억 7,000만 원 정도였으나 매도자 사정에 의해 2억 2,000만 원에 급매로 나온 물건이었다(집주인이 거주 중이었음). 전세를 2억 6,000만 원에 놓을 수 있을 것으로 보여 기쁜 마음에 서둘러 집을 보러 현장에 갔는데, 내부를 보고 크게 실망하고 말았다. 방, 거실, 가릴 것 없이 벽마다 곰팡이가 피어 있었던 것이다.

▲ 빌라 외부 및 내부 모습

▲ 옥상 모습

엘리베이터가 있는 5층에 위치한 빌라, 전용면적 12.75평, 대지 지분 7.3평이었는데 베란다를 확장해 사용하고 있어 실제로는 18평 정도의 크기였다(방 3, 거실, 화장실 2, 베란다 구조). 5층에 한 세대만 있어 사생활 보호가 좋았으며, 옥상을 독차지할 수 있는 것도 장점이었다. 엘리베이터 덕분에 5층이어도 전혀 문제가 될 게 없었다.

하지만 문제는 곰팡이였다. 최상층인데 곰팡이가 잔뜩 피었다는 것은 곧 옥상 지붕에서부터 내려오는 누수를 의미한다고 여겼다. 옥상에 올라가 확인했지만, 어느 지점에서 누수가 있는지 알 수 없었다. 평소 잘 아는 인테리어 전문가와 함께 현장에 가봐도 답이 나오지 않았다. 그러자 인테리어 전문가가 옥상의 지붕 전체를 시멘트로 덮자는 의견을 냈다. 비용은 2,000만 원 정도 소요될 것으로 예상된다는 말과 함께 말이다. 그러면 누수를 완벽히 잡을 수 있겠느냐 물으니, 우선 작업을 시도해보고 그래도 누수가 발행하면 다른 곳의 원인을 찾아야 한다는 답변이었다.

집으로 돌아오는 길, 고민이 깊어졌다. 2억 2,000만 원에 구입해 2,000여 만 원을 들여 옥상 공사를 하고 내부 인테리어에 700만 원 정도 들이면 2억 4,700만 원이다. 만약 전세를 2억 7,000만 원에 놓는다면 플러스피는 2,300만 원이다. 하지만 임차인이 사는 동안 누수가 발생하면 지속적으로 비용이 들어갈 것 같아 걱정되었다.

필자는 선뜻 결정을 내리지 못했고, 그러는 사이 며칠이 흘렀다. 그러다 중개사무소로부터 해당 빌라가 2억 2,000만 원에 팔렸다는 소식을 들었다. 어차피 필자 눈에는 좋아 보이지 않아 포기했던 물건이라 섭섭하지는 않았다.

예상보다 간단했던 해당 빌라

시일이 지난 어느 날, 물건을 검색하다 해당 빌라가 2억 8,500만 원에 전세 매물이 나갔다는 소식을 들었다. 필자는 중개사무소 사장님께 연락해 내부를 볼 수 있는지 여쭤봤다. 도대체 얼마나 많은 돈을 들여 집을 고쳐놨는지 궁금했기 때문이다. 아직 전세 잔금을 치르기 전이라 사장님은 흔쾌히 내부를 보여주셨다. 엄청 많은 돈이 들어갔을 거라 기대하고 현관문을 열었는데 아뿔싸, 내부는 생각보다 매우 간단한 수리만 해놓은 상태였다.

▲ 수리를 마친 빌라 내부 모습

서둘러 옥상에 올라가 확인했지만, 옥상은 처음과 달라진 게 하나도 없었다. 그렇다면 옥상은 전혀 수리하지 않고 내부만 약 500만 원 정도 들여 수리한 것이다. 2억 2,000만 원에 사서 500만 원을 들여 수리했고, 2억 8,500만 원에 전세 계약이 되었으니 플러스피가 6,000만 원이다. 그런데도 필자 마음에는 누수에 대한 걱정이 남았다.

그로부터 1년이 지났다. 그사이 태풍과 장마가 지나가고 비 오는 날도 수차례였다. '그 집은 어떻게 되었을까?' 궁금한 마음에 중개사무소 사장님께 전화해 안부를 여쭈었다. 사장님으로부터 들려온 대답은 1년이 지난 지금껏 누수 하나 없이 멀쩡하다는 것이다.

'헉, 어떻게 그럴 수 있지?'

곰곰이 생각해보니 그 집에 생겼던 곰팡이의 원인은 누수가 아닌 생활 곰팡이였다. 집 안 환기가 부족하면 실내 습도가 높아지고, 이로 인해 벽지가 습해져 곰팡이가 생기는데, 한번 생긴 곰팡이를 빨리 제거하지 않으면 벽지를 타고 번지게 된다. 특히 겨울철은 차가운 바깥벽과 따뜻한 실내 벽이 만나 물방울이 더 잘 맺히게 된다(결로 현상). 이런 경우 내부 열이 빠져나가지 않도록 단열에 신경 쓰는데, 단열이 약한 경우 벽에 단열재를 보강한 후 도배를 하면 된다. 단열재 보강은 비용이 그리 많이 들지 않는다. 결론적으로 필자가 옥상에서 발생하는 누수로 판단해서 2,000여만 원의 공사비를 생각하고도 답이 안 나와 포기했던 빌라가 사실은 알고 보니 간단한 생활 곰팡이였던 것이다.

1년 전 발생했던 이 일은 필자에게 '너무 어렵게 생각하지 말자'라는 교훈을 주었다. 필자는 누수라는 틀에 갇혀 생활 곰팡이라는 생각을 하지 못했지만, 다른 투자자는 필자보다 가볍게 생각(설령 누수가 발생해도 그 부분만 고치면 된다고 가볍게 여김)해 플러스피 6,000만 원이라는 성과를 얻어냈다. 그러므로 여러분도 투자에 너무 겁먹지 말자. 적당한 고민은 필요하지만, 너무 깊은 고민은 오히려 투자에 악영향을 줄 수 있으니 말이다.

▲ 디스코앱에서 조회한 해당 빌라의 실거래 내역

PART
09

서울뿐만 아니라 지방에도 돈 되는 빌라가 있다

최고의 투자는
정비사업 투자다

앞서 빌라의 투자 기준에 맞춰보면 유력 후보지는 서울의 역세권 주변 빌라이며, 그중에서도 업무단지 인근에 위치한 빌라 중 저렴하게 나온 매물이 투자 가치가 높다.

그렇다면 서울에 있는 빌라지만 역세권이 아닌 곳이거나, 지방에 위치한 빌라는 투자 가치가 없을까? 그렇지 않다. 빌라 투자에는 다음과 같은 4가지의 기준이 있다.

1. 입지 좋은 역세권의 빌라 투자하기
2. 재개발·재건축 정비사업을 목표로 투자하기
3. 가로주택정비사업을 목표로 투자하기
4. 지역주택조합 추진을 목표로 투자하기

이 중 1번은 서울에 있는 빌라에 해당하는 이야기지만, 나머지 2, 3,

4번의 빌라는 서울뿐만 아니라 지방의 빌라에도 적용되는 말이다. 그러니 꼭 서울 빌라만 투자 가치가 높다는 선입견을 버리자.

대지 지분이 중요하지만, 무조건은 아니다

사람들은 재개발 투자에서 대지 지분이 큰 물건이 무조건 좋다고 생각하는데, 꼭 그런 것은 아니다. 물론 건축물이 이미 낡을 대로 낡은 상태에서는 감정평가 시 건물의 잔존가치가 낮아 대지 지분이 감정평가에 큰 영향을 미치는 게 사실이다. 하지만 전체 투자 시기를 놓고 봤을 때, 감정평가가 실시되는 시기를 고려, 대지 지분을 따져야 할 때는 따로 있다.

아직 재개발 구역으로 지정되지 않은 예정지 단계일 때는, 투자자는 대지가 작고 투자 금액이 적게 드는 물건에 투자하는 게 좋다. 그 이유는 재개발 진행까지 많은 시간이 남아 있기에 가성비 좋은 물건을 확보하는 게 급선무이기 때문이다. 물건을 확보한 후 재개발 바람이 솔솔 불면 가격이 급등하므로 다음 투자자에게 팔고 나오는 전략도 좋다. 이 단계는 투자 안정성은 낮지만, 수익성은 큰 단계다. 그 후 사업이 진행되어 정비구역으로 지정되고 조합설립 단계를 거쳐 사업시행 단계가 되면 대지 지분이 큰 물건을 선택하는 게 좋다. 감정평가에서 유리하기 때문이다. 다만, 대지 지분이 큰 물건은 가격이 비싸므로 수익성은 낮지만, 개발이 많이 진행된 만큼 안정성은 커져 조합원 입주권을 염두에 둔 투자자에게 좋은 방법이다.

결론적으로 예정지 단계에서는 대지 지분이 작더라도 투자 금액이 적게 투자되는 물건이 좋으며, 사업시행 단계가 되면 감정평가에서 유리하도록 대지 지분이 클수록 좋다(대지 지분이 크면 감정평가 금액이 높아지고, 감정평가 금액이 높을수록 큰 평형을 배정받기 유리하다).

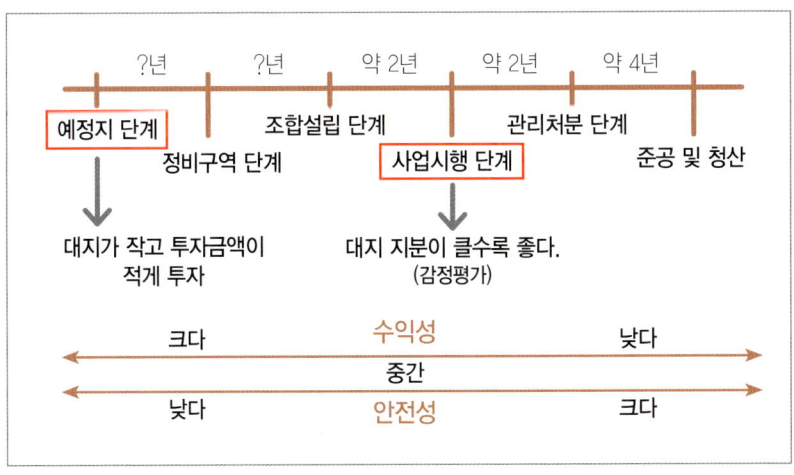

 **Plus tip** 　　재개발 투자자의 자세

- 예정지 단계에서부터 투자해야 수익이 크다(초기 진입 시 투자금 낮고 수익 큼).
- 이제는 조합설립인가가 나온 곳은 기본 5억 원이다(서울 지역).
- 절차가 진행될수록 프리미엄이 계속해서 높아진다.
- 전세가율이 높고 업무단지 부근일 경우 리스크 방어가 높다.
- 사업시행인가가 나온 곳은 현금 투자가 10억 원이다(서울 지역).
- 관리처분인가가 나온 곳은 투자할 수가 없다.
- 먼저 신축이 될 만한 부동산에 투자하고 신축까지 성장시키는 것이 핵심이다.

미리미리 준비하는
자세가 필요하다

　투자는 심리적인 요소가 많이 작용해 곧 시행될 거라는 기대감이 가격을 끌어올린다. 이런 이유로 서울의 경우 개발행위허가 제한 고시만 떨어져도 높은 프리미엄이 형성된다. 참고로 개발행위허가 제한 고시란, 재개발 정비구역지정 및 사전 타당성조사를 하기 위해 사전에 건축 등 개발행위허가를 제한하는 것을 말한다. 개발행위허가 제한 고시는 각 지자체 홈페이지를 통해 고시공고가 된다. 이는 재개발을 앞두고 비경제적인 건축 행위 및 투기 수요의 유입을 방지하기 위해 개발행위를 제한하고 지형도면을 고시한다(제한 근거 : '국토의계획및이용에관한법률' 제63조 및 동법 시행령 제60조).

■ **제한 대상 행위**
- 건축물의 건축, 토지 분할(건축물이 있는 대지의 분할은 제외)
- 건축 허가(세대수를 증가하지 않는 대수선은 제외)
- 건축 신고(세대수를 증가하지 않는 대수선은 제외)
- 주택으로의 용도 변경

■ **예외사항**
- 행위제한고시 이전 적법하게 건축 허가·신고 등을 받아 진행 중인 사업
- 재해 복구 또는 재난 수습에 필요한 응급조치를 위한 경우

서울특별시 마포구 고시 제 2020-213호

개발행위허가 제한 및 지형도면 작성 고시

주택재개발 정비구역 지정 사전타당성조사 및 도시관리계획 수립중인 아래 지역에 대하여 「국토의 계획 및 이용에 관한 법률」 제63조 및 같은법 시행령 제60조 규정에 따라 개발행위허가를 제한하고 「토지이용규제 기본법」 제8조 및 같은법 시행령 제7조 규정에 따라 지형도면을 고시합니다.

2020년 12월 24일
마 포 구 청 장

1. **개발행위허가 제한 사유**
   ○ 정비계획 수립 등 도시관리계획이 결정될 경우 용도지역 등의 변경이 예상되고 그에 따라 개발행위허가의 기준이 크게 달라질 것으로 예상됨
2. **개발행위허가 제한 개요**
   가. 개발행위허가 제한기간
      ○ 개발행위허가 제한 고시일로부터 3년(1회에 한하여 2년 이내 기간연장 가능)
   나. 개발행위허가 제한지역

연번	위 치	면적(㎡)	비고
1	서울특별시 마포구 염리동 81번지 일대	79,876	
2	서울특별시 마포구 염리동 488-14번지 일대	46,490	
3	서울특별시 마포구 공덕동 115-97번지 일대	21,644	

▲ 개발행위허가 제한 및 지형도면 고시 공고(예시)

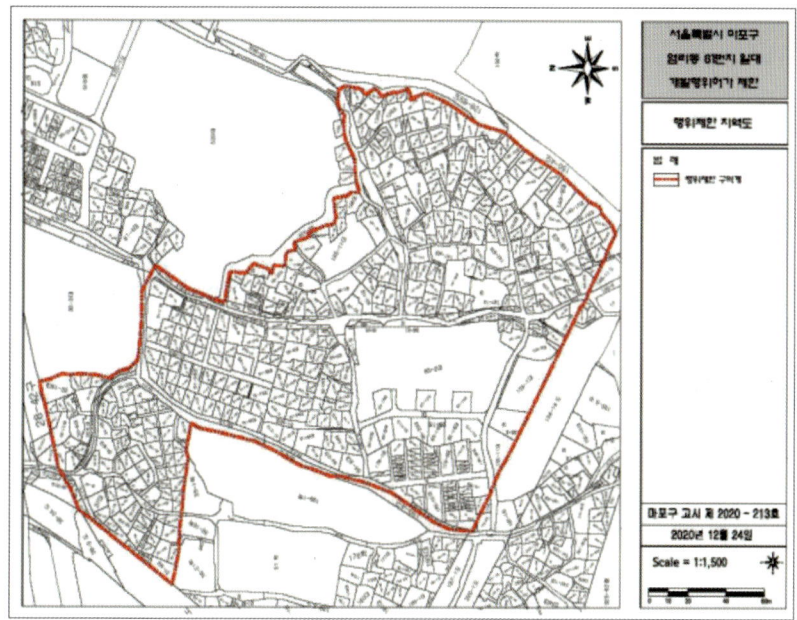

▲ 지형도면 고시(예시)

　참고로 개발행위허가 제한 고시가 공고되었다고 모두 재개발 구역으로 확정되는 것은 아니다. 하지만 지자체가 시행 가능성이 낮은 곳에 개발행위허가를 3년 동안 제한하면서 결과적으로 재개발 정비사업 구역으로 지정을 하지 않는다면, 이는 지나친 사유재산 침해라는 부메랑을 맞을 수 있다. 따라서 지자체도 지정 가능성이 큰 곳의 사전 투기 세력을 방지하고자 개발행위허가 제한을 공고한다. 그러므로 개발행위허가 제한 고시가 공고된다는 것은 순조로운 정비사업 착수를 위한 초석이기에 재개발에 찬성하는 입장에서는 매우 반가운 신호가 된다.

■ **투자자의 자세**
- 동의율 높은 지역은 빠른 속도로 사업이 진행된다.
- 개발행위허가 제한 고시가 공고된 곳을 찾아보자.
- 개발행위허가 제한 고시가 공고 예정인 곳을 찾아보자.
- 소유권 이전이 제한되는 관리처분인가 전까지 자유롭게 거래 가능하다.
- 추가 분담금을 의식하지 말고 출구 전략을 세우자.

매일같이 물건을 찾아보자

참고로 필자가 2020년 12월 개발행위제한 고시가 공고된 염리 4,5구역에 물건을 찾으러 갔다. 역시나 소유주들이 물건을 거둬들이면서 나온 물건이 없었다. 그 후에는 개발행위제한 고시가 공고될 예정인 신길 뉴타운 4구역(개발행위제한 구역 신청)의 물건을 찾으러 임장 갔을 때도 마찬가지로 나온 물건이 없었다. 그렇다면 개발행위제한 고시가 공고된 곳뿐만 아니라 공고될 예정인 곳의 물건은 사지 못하는 것일까? 그렇지 않다. 이런 곳에 있는 물건이라도 소유자의 사정으로 물건이 나올 때가 있다. 다만, 그게 언제 나올지는 미정이다. 그러므로 매일 물건을 찾아야 한다.

한번 임장 가서 물건이 없다고 포기한다면 아마추어다. 현재는 물건이 없더라도 앞으로 나올 물건을 내 것으로 만들려면 열심히 임장을 다니며 중개사무소 사장님들과도 친분을 쌓아놔야 한다. 일주일에 한 번씩 커피도 사 들고 방문하면서 안면을 터놔야 한다. 솔직히 이런 구역의 물건을 원하는 투자자는 많다. 한정된 물건이 나왔을 때 누구에게 선택권이 돌아갈지 잘 생각해보길 바란다. 본인이 그 물건의 선택을 받으려면 사전에 어떤 노력을 기울여야 할지 고민해야 할 이유다.

개발정보는 미리 계획되어 있다

 사람들은 어느 지역이 뜨는가의 관점이 막연하다. 어느 지역이 유망하다는 것은 하루아침에 갑자기 뉴스에 보도되는 것이 아니다. 이미 그 전부터 개발계획에 의해 추진된 사업이 어느 날 뉴스에 보도되는 것뿐이다. 시청자 눈에는 마치 기자가 특종을 취재한 것처럼 보일 수 있는데, 이미 계획되어 있는 사업이었던 것이다. 그렇다면 투자자 입장에서는 어느 지역에 어떤 사업이 계획되어 있는지 아는 것부터가 시작이라고 볼 수 있는데, 그 전에 이해하기 쉽도록 국토계획의 체계를 잠깐 살펴보자.

선(先)계획 후(後)개발

 '국토의계획및이용에관한법률'은 투자에 관심 있는 분들에게 가장 친숙한 법률일 것이다. 이 법은 공공복리의 증진과 국민의 삶의 질을 향상

하게 함을 목적으로 제정된 법률로서, 토지 이용에 관한 행위제한 및 국토개발에 관해 선(先)계획 후(後)개발 원칙에 의거해서 공적 개발사업 등에 관한 계획 수립의 원칙을 제시한 법이다. 따라서 전국의 공적 개발사업 이전에는 '국토의계획및이용에관한법률'에 의한 토지이용계획이 선행된다. 정부 및 지자체는 개발 이전에 도시계획을 사전 수립함으로써 국토의 난개발을 차단하고 개발 효과의 극대화를 도모할 수 있다. 즉, 개발지역의 예측이란 도시계획의 이해부터 시작한다고 할 수 있다.

우리나라의 국토계획 체계는 '국토 및 지역계획 – 도시계획 – 개별건축계획'의 3단계로 나뉜다. 즉, 도시계획은 상위계획인 국토계획 또는 지역계획에서 정하는 방침을 수용하고, 하위계획인 개별건축계획의 지침을 제시하는 계획이다. 도시계획은 다시 적용 대상 범위와 성격에 따

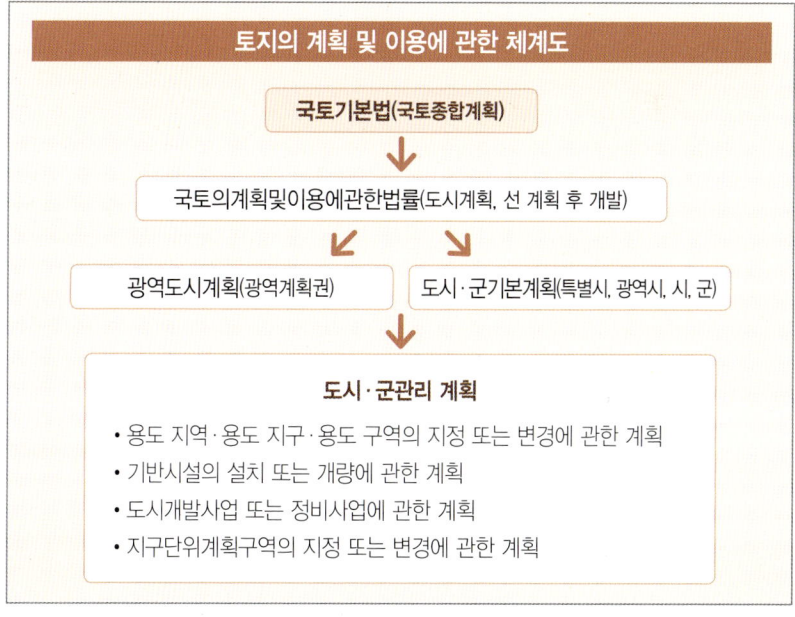

라 광역도시계획과 도시·군기본계획, 도시·군관리계획 등으로 구분된다.

결론적으로 국가 및 지자체에서 진행되는 모든 개발사업은 미리 계획을 하고 그에 맞는 절차에 따라 추진된다. 따라서 어느 대통령이 당선되었거나 어느 시장(도지사)이 당선되었다고 해서 없던 사업이 하루아침에 시작되는 것은 아니다. 미리 계획이 되어 있던 사업인데 결정권자가 누구냐에 따라 먼저 추진될 수도 있고, 나중에 추진될 수도 있다. 결론적으로 투자자 입장에서는 미리 계획되어 있는 사업계획이 무엇인지 아는 것부터 중요하다. 그다음에 결정권자의 의지 및 예산 확보 등에 관심을 기울이면 사업 실행 가능성을 유추할 수 있다.

정보를 이메일로 받자

도시계획은 관계 홈페이지에 고시가 공고됨으로써 일반인에게 공개가 된다. 하지만 홈페이지에서 일일이 찾아보지 않는 한, 고시가 공고된 줄도 모른 채 시간이 흐르는 경우도 많다. 따라서 진정한 투자자는 관계부서 홈페이지 등을 예의 주시한다. 하지만 매일같이 반복하기에는 힘겨울 수 있다. 따라서 쉽게 이메일로 받아보는 서비스를 신청해보자.

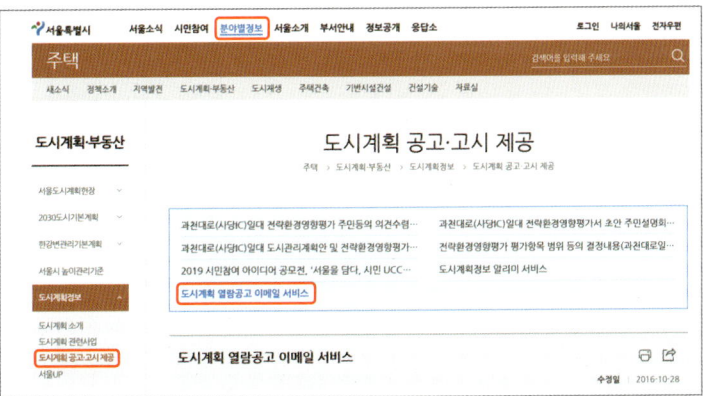

▲ '도시계획 열람공고 이메일 서비스'를 클릭해서 신청한다

서울의 경우 '서울특별시 홈페이지(www.seoul.go.kr)'에 접속해보자. 여기에서 '분야별정보 → 주택 → 도시계획정보 → 도시계획공고·고시 제공 → 도시계획 열람공고 이메일 서비스'를 신청하면 된다. 참고로 이메일 서비스는 홈페이지에서 회원가입을 해야 신청할 수 있으며, 이미 회원인 경우, 회원정보 변경에서 신청하면 된다. 이메일 서비스를 신청해놓으면 입력한 이메일로 매주 월요일마다 전주 월요일부터 금요일분의 도시계획 열람공고가 발송되니 쉽게 확인할 수 있다. 이렇게 받은 고시공고 중 관심이 없는 공고는 읽고 지나가면 되지만, 부동산 투자에 유용한 정보가 담긴 고시공고는 잘 숙지해 해당 지역에 발 빠르게 달려가는 모습을 보이면 좋다.

Plus tip 재건축 및 재개발, 공공사업 정비사업 주의사항

투자과열지구 사업별 규제 현황

구분	가로주택 정비사업	재건축	재개발	공공재개발 (공동시행)	공공주도 정비사업
조합원 지위 양도 유무	가능	조합설립인가 이후에는 불가능	관리처분인가 이후에는 불가능	가능 (시세대로)	× (2.4일 청산)
거주요건	×	×	×	×	×
초과이익 환수	×	O	×	×	×

(변동사항 있을 수 있음)

- 재개발 조합원 전매금지는 2018년 1월 24일 이후 사업시행인가 신청하는 조합부터 적용
- 2017년 12월 31일 이전까지 관리처분인가를 신청한 단지는 초과이익환수제 대상에서 제외
- 재건축 거주요건은 '도시및수거환경정비법' 개정 후 최초 조합설립인가 신청사업부터 적용, 분양 신청 전까지 2년 이상 거주 미충족 시 청산
- 공공재개발에서 공모공고일 이후 건축 허가받은 신축빌라 매수자는 현금 청산 대상
- 공공주택 복합사업 및 공공주도 정비사업에서는 2021년 2월 4일 부동산 대책 발표 이후 매수자는 현금 청산 대상

미니 재건축,
빌라 투자로 이루자

미니 재건축으로 불리는 가로주택정비사업은 노후·불량건축물이 밀집한 가로구역에서 종전의 가로를 유지하면서 노후주택을 소규모로 정비해 주거환경을 개선하기 위한 사업이다. 재건축 및 재개발이 '도시및주거환경정비법(줄여 '도정법'으로 지칭)'의 적용을 받는 것에 비해 가로주택정비사업은 '빈집및소규모주택정비에관한특별법(줄여 '소규모정비법'으로 지칭)'을 적용받는다. 도정법으로 추진하면 정비기본계획 수립 → 정비구역 지정 → 추진위 설립 과정을 거쳐야 하는 등 10여 년이 소요되지만, 소규모정비법을 따르면 조합 설립 → 사업시행인가 → 관리처분 계획 → 철거·착공 등 3~4년에 사업을 마칠 수 있다.

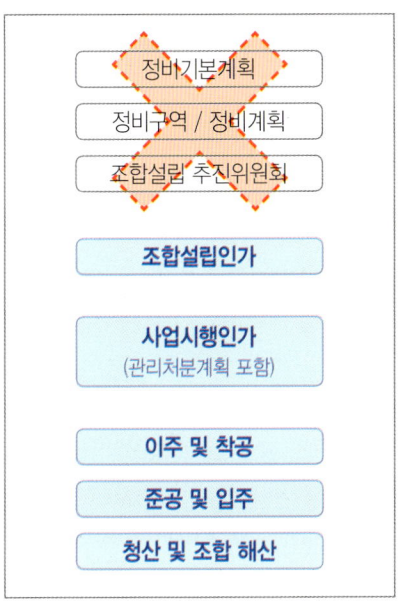

가로주택정비사업 요건(모두 충족해야 함)

1. 도시계획도로 또는 폭 6m 이상의 건축법상 도로로 둘러싸인 면적 1만㎡(약 3,024평) 미만의 가로구역일 것(단, 폭 4m를 초과하는 도시계획도로가 해당 가로구역을 통과하지 않아야 함)

   ※ 해당 지역의 일부가 광장, 공원, 녹지, 하천, 공공공지, 공용주차장 또는 예정도로(조합설립인가, 공공시행자 지정, 지정개발자 지정 신청시 도로 신설·변경계획을 제출하는 경우 그 예정도로)에 접한 경우에는 해당 시설을 도로로 봄.

2. 노후·불량건축물 수가 해당 사업시행구역 전체 건축물 수의 2/3 이상일 것

3. 기존주택의 호수 또는 세대수가 10호(모두 단독주택인 경우), 20세대(모두 공동주택인 경우), 20채(단독주택과 공동주택으로 구성된 경우, 단독주택 호수와 공동주택 세대수를 합한 수) 이상일 것

▲ 요건에 해당하면 가로주택정비사업을 시행해 아파트가 들어설 수 있다

▲ 가로주택사업 시행 전　　　　　▲ 가로주택사업 시행 후

　가로주택정비사업의 가장 큰 장점은 사업 추진 기간이 짧다는 점이다. 재개발 및 재건축은 규모가 크기 때문에 더 많은 인원을 설득해야 하고 각종 규제가 강하다. 이런 정비사업은 이야기가 나오고 나서 10년이 지나도 진행이 더딘 경우가 수두룩하다. 그런데 가로주택정비사업은 보통 3~4년 정도면 사업이 진행될 수 있다. 시간이 짧게 걸리는

것은 소규모이기에 의견 조율이 쉽고 정부에서 장려해 허가가 쉽기 때문이다. 재건축초과이익환수제나 조합원거래금지와 같은 규제에서도 자유롭다. 이는 정부 입장에서도 빠른 시간 내 신규 공급을 할 수 있어 장려하기 때문이다. 가로주택정비사업에 대한 용적률 규제 완화, 주차장 설치 의무 완화, 분양가 상한제 규제 완화 등의 대책도 장점이다.

▲ 가로주택정비사업이 예정된 곳에 붙은 현수막(예시)

가로주택정비사업은 큰 도로와 인접한 낡은 빌라나 단독주택 일대를 신축 아파트로 탈바꿈하는 소규모 정비사업이다. 사업 진행 속도도 민간 재개발 사업보다 두 배 이상 빨라 주민들도 큰 부담 없이 가로주택정비사업에 뛰어들 수 있다는 장점이 있다. 따라서 여러분이 투자하는 빌라가 폭 6m 이상의 건축법상 도로로 둘러싸인 면적 1만㎡(약 3,024평) 미만의 가로구역이고, 20채(세대 수) 이상 주택이 있으며, 30년 이상 된 노후 건축물 수가 해당 사업시행구역 전체 건축물 수의 2/3 이상이면, 가로주택정비사업을 염두에 두고 투자해도 좋다. 이미 사업이 시행되고 있으면 편승하면 될 것이며, 아직 가로주택정비사업을 시행하지 않는다면 직접 나서서 추진하는 것도 좋은 방안이 될 것이다.

실제 필자가 가로주택정비사업의 시행 가능성이 높은 곳의 빌라를 찾다가 2억 원짜리 매물을 발견했는데, 전세를 어떻게 맞출까 하루이틀 고민하는 사이 다른 분에게 매매가 되었다. 아쉬운 마음을 접고 다시 물건을 찾기 시작했는데 그로부터 얼마 뒤 2억 8,000만 원의 매물이 나왔다. 2억 원짜리 물건을 봤던 터라 2억 8,000만 원은 너무 가격이 높아 사지 않았는데, 5개월이 흐른 지금은 4억 5,000만 원을 호가하고 있다. 이렇듯, 빌라 그 자체에 머무는 게 아닌 새 아파트로 환골탈태할 수 있는 가로주택정비사업은 노후 빌라 투자의 희망이 되고 있다. 따라서 서울뿐만 아니라 전국적으로 가로주택정비사업이 시행될 수 있는 곳의 빌라를 눈여겨보길 바란다.

또한 본인의 매매 기준을 미리 정해놓길 바란다. 가로주택정비사업이 시행되면 가격이 계속 올라가지만, 어느 순간 정체될 때 급매물이 나오는 경우가 있다. 그때 본인의 기준이 있으면 그 가격에 나온 물건을 순간 낚아챌 수 있다. 그렇지 않으면 예전 가격의 틀에 박혀 비싸다는 인식 때문에 사지 못하게 되는데, 시간이 지나 가격이 더 오르면 '그 가격에도 샀어야 했는데…' 하며 뒤늦은 후회를 한다.

 **서울시 가로주택정비사업 추진 현황**

총 사업장 수	구별 사업장 수	기타
48개소 진행 중 (19년 12월 기준)	강동8 / 송파7 / 서초5 / 강남, 강서, 중랑4 / 양천, 영등포3 / 성북, 금천2 / 광진, 강북, 도봉, 마포, 구로, 관악1	중구, 종로구, 용산구, 성동구, 노원구, 동작구, 은평구, 서대문구, 동대문구0
72개소 진행 중 (20년 12월 기준)	강동11 / 송파9 / 강남7, 서초, 양천6 / 강서5 / 성북, 구로, 중랑4 / 마포구, 영등포, 금천구3 / 강북, 광진2 / 도봉, 노원, 관악1	중구, 종로구, 용산구, 성동구, 동작구, 은평구, 서대문구, 동대문구0

19년 → 20년 대비 150% 진행 중
강동 / 송파 / 강남 / 강동 → 강남 4구에 45%가 진행 중
서울은 입지 면에서, 경기도는 원가 면에서 장점이 많음.

지역주택조합,
역으로 활용하면 수익이 보인다

지역주택조합이란, 주택법에 따라 일정 지역에 6개월 이상 거주한 무주택자와 소형주택(국민주택 이하 면적 1채) 소유자인 세대주를 조합원으로 구성해서 공동으로 주택을 건립하기 위해 결성된 조합을 뜻한다. 즉, 주민이 조합을 만들어 직접 땅을 사고 시공사를 선정해 집을 짓는 일종의 주택 공동 구매라 이해하면 쉽다.

지역주택조합은 주변 분양가보다 10~15% 정도 저렴한 비용으로 내 집 마련의 꿈을 이룰 수 있게 한다는 내용으로 광고를 많이 한다. 광고만 봤을 때는 이런 좋은 기회를 놓치면 안 될 것 같은 생각이 들 수도 있지만, 사실 지역주택조합은 위험이 가득하며 자칫 잘못하면 투자금을 날리기 쉬운 투자처이기도하다. 지역주택조합의 취지는 좋지만, 실상은 사업 자체의 진행이 매우 느리고, 중간에 발생하는 추가 비용이 조합원들의 부담으로 되기에 정확한 분양가를 알기 힘들기 때문이다.

지역주택조합은 전국적으로 시행되고 있다. 재개발이 무산된 지역에 지역주택조합을 추진하거나 위치가 조금만 좋으면 몇몇 건설사들이 지역주택조합을 결성해서 사업을 진행하는 일들이 많다. 하지만 두세 번 정도 시행사가 바뀌는 경우가 예삿일이다. 열 건의 지역주택조합 중 준공까지 이어지는 경우는 두 건이고, 나머지는 오랜 시일이 흘러도 진전이 없거나 무산되는 경우가 많아 조합원의 손해가 막심하기도 하다. 이런 이유로 지역주택조합에 조합원이 되어 아파트를 분양받는 것에 대해 주변에 물어보면 두 손을 저어가며 말리는 경우도 많다.

빌라 투자 관점에서 본 지역주택조합

빌라 투자의 관점에서 보도록 하자. 내가 빌라를 보유 중인 지역에 지역주택조합 아파트가 시행된다면, 빌라 소유주에게는 행운이다. 지역주택조합이 조합설립인가를 받으려면 해당 주택건설 대지의 80% 이상에 해당하는 토지의 사용권원을 확보해야 한다(2020년 7월 23일 이후 조합설립인가 시에는 토지 소유권도 15% 이상 확보). 또한 주택조합 설립인가를 받은 날부터 3년 이내에 사업계획 승인을 받아야 한다. 사업계획 승인을 받기 위해서는 해당 주택건설 대지의 95% 이상의 소유권을 확보해야 한다(나머지 5% 이하는 매도청구로 진행할 수 있다).

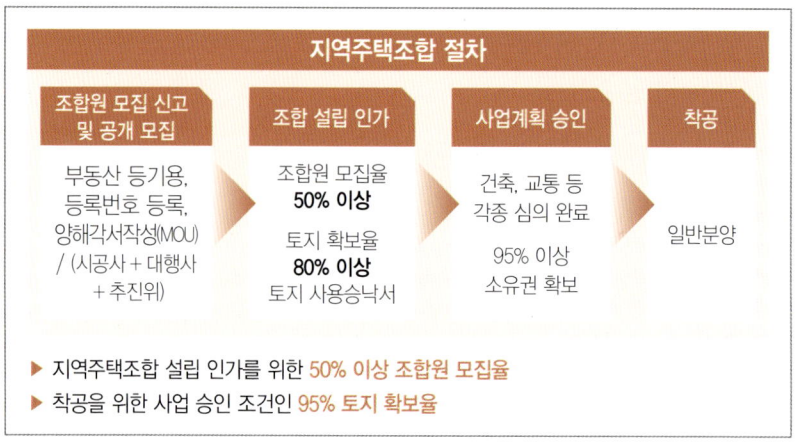

▶ 지역주택조합 설립 인가를 위한 50% 이상 조합원 모집율
▶ 착공을 위한 사업 승인 조건인 95% 토지 확보율

이처럼 지역주택조합사업은 법에서 정한 조합원 모집 및 토지 확보가 일정 수준 이상 필요하다. 만약 기준에 미치지 못할 경우, 원활한 사업 진행이 막혀 장기적으로 표류할 수 있다. 사업이 장기화될 경우, 사업 유지 및 운영을 위한 추가 비용이 발생해 기존 조합원들의 추가 분담금이 발생할 수 있다. 따라서 내 빌라가 있는 지역에 지역주택조합이 들어오면 매도 요청 협의가 들어올 수밖에 없다. 사업계획 승인을 받기 위해 95% 이상의 토지사용권원을 획득해야만 하기 때문이다. 지역주택조합에 가입해서 조합원으로 끌려가는 게 아닌 지역주택조합이 내 토지를 절실히 필요로 하는 전략을 구사하면 좋은 가격에 빌라를 팔고 나올 수 있다(대지 지분 투자의 맥락과 같다).

한 예로 성수동에서 진행된 지역주택조합에서는 김성근 전 프로야구 감독의 단독주택(대지 면적 108평, 건물 50평 단층 주택)을 135억 원에 매입하기도 했다. 이렇듯 내가 부동산을 보유한 지역에 지역주택조합이 시행되면 보상을 통해 수익을 올릴 수 있다.

김성근 전 프로야구 감독, 성수동 자택 135억 원 매각 '잭팟'

주변 시세 2배, 개별공시가 8배 가격…서울숲벨라듀2차 착공 '임박'

2020.04.13(월) 16:50:33

[비즈한국] 일본프로야구 소프트뱅크 호크스 1군 코치고문으로 활동 중인 김성근 전 프로야구 감독이 개인 주택을 135억 원에 매각한 사실이 뒤늦게 확인됐다.

김 전 감독은 1990년 12월 1일 서울 성동구 성수동1가에 위치한 167.22㎡(약 50평) 단층 주택을 매입했다. 당시 매입가는 등기부등본에서 확인되지 않는다. 이 주택은 1999년 10월 한 차례 압류된 것을 제외하고는 2019년까지 김 전 감독 부부 소유였다. 프로에서 감독 생활을 한 김 전 감독은 주로 구단 숙소에서 생활했고, 이 주택은 약 30년 동안 가족들의 실거주지로 사용된 것으로 짐작된다.

▲ 김성근 전 감독의 자택이 지역주택조합에 135억 원에 매각되었다   출처 : 비즈한국

다만, 터무니없는 금액을 부르며 알박기 식으로 버티다가는 매도청구를 당할 수 있으니 유의하자. 참고로 매도청구란, '주택법'에 의거, 사업계획 승인을 받은 사업 주체가 주택건설 대지 중 사용할 수 있는 권원을 확보하지 못한 대지의 소유자에게 그 대지를 시가로 매도할 것을 청구(소송)하는 것이다. 지역주택조합은 사업 대지 면적의 80% 이상 확보되면 사업계획 승인 신청이 가능하다. 이때 80% 이상 95% 미만의 사용권원을 확보한 경우, 지구단위계획결정 고시일 10년 이내에 소유권을 취득한 자에게 매도청구를 행사할 수 있다(10년 이상 보유한 자는 매도청구 안 됨). 하지만 사업 대지 면적의 95% 이상을 확보하면 사용권원을 확보하지 못한 모든 대지의 소유자(10년 이상 보유한 자도 매도청구 포함됨)에게 매도청구가 가능하므로 그전에 적절한 가격에 협의하면 좋을 것이다.

결과적으로 단순히 빌라 투자만 하는 게 아닌, 내 지역에 아파트(지역주택조합)가 들어서면서 빌라를 보상받고 팔 수 있는 전략은 수익성 면에서 좋은 투자처다. 이런 빌라는 서울뿐만 아니라 전국의 빌라에서도 가능하므로 내가 사는 지역이 서울이 아니더라도 빌라 투자를 유심히 보자. 어느 지역에 지역주택조합이 들어올 수 있는지를 살펴 그런 곳의 빌라를 미리 선점하는 전략이 좋다. 이런 정보는 부동산 카페와 인터넷 글만 검색해봐도 정보가 넘친다. 이런 지역에 빌라 플러스피를 세팅해놓는다면 투자금이 소요되지 않아 예상보다 사업 시행이 늦어지더라도 전혀 부담이 없을 것이다.

> **Plus tip** 지주 조합원 vs 모집 조합원
>
> 지역주택 조합원에는 2가지가 있다. 지주조합원과 모집조합원이다. 여러분들이 투자하고 있는 지역주택조합원 투자는 대부분이 모집조합원이다. 하지만 앞서 필자가 이야기하고 있는 투자는 지주조합원이다. 지주조합원은 지역주택의 사업구역 내 주택을 가지고 있는 조합원을 뜻한다. 지주조합원은 가입계약서와 대물계약서를 작성하기만 하면 계약금이나 중도금을 내지 않는다. 그리고 입주 시점에 정산하면서 추가부담금을 납부하면 된다. 다만, 지주조합원으로 조합에 가입하라는 이야기는 절대 아니다. 추진되는 상황을 보고 나서 추후 선택할 수 있기 때문이다.
>
> | 지주조합원 | 모집조합원 |
> | --- | --- |
> | • 조합원 가입 계약서 + 대물 계약서 | • 조합원 가입 계약서 작성 |
> | • 지주조합 모집 인원 수 제한(신고필증상 모집 인원) | • 조합원 모집 인원 수 제한(신고필증상 모집 인원) |
> | • 계약금 및 중도금 없음 | • 계약금 및 중도금 납부 |
> | • 조합설립 인가 후 전매 금지(예외조항 있음) | • 조합설립 인가 후 전매 금지(예외조항 있음) |
> | • 추가 분담금 있음 | • 추가 분담금 있음 |
> | • 조합설립 신청일 이후 다른 지역 이사 가능 | • 조합설립 신청일 이후 다른 지역 이사 가능 |

주체적인 사고가
투자 성공을 부른다

2013년, 영국의 한 마라톤 대회에서 선두로 달리던 한 명을 제외한 선수 5,000여 명이 경로를 이탈해 단체로 실격되는 사건이 발생했다. 이렇게 엄청난 사건이 벌어진 이유는 의외로 단순했다. 1위 선수와의 격차가 상당히 벌어진 상태에서 2위로 달리던 선수가 잘못된 경로로 접어들자, 그의 뒤를 따라 달리던 선수들이 모두 이를 따라가다 코스를 이탈한 것이다. 이들은 최종적으로 정해진 코스보다 264m를 덜 달린 것으로 판단되어 실격 처리되었다. 결국 이날 경기에서 선두로 코스를 제대로 달리던 선수만 완주했고, 우승을 차지했다. 이 사건은 우리에게 많은 경종을 울린다. 이는 주최 측이 대회 준비를 제대로 하지 않은 점도 잘못이지만, 아무 생각 없이 앞사람만 따라간 참가자들의 결말이 얼마나 차가운지 많은 생각을 하게 만든다.

투자도 마찬가지다. 정비사업이 진행될 예정의 빌라에 미리 선진입해 투자해놓으면 여러분에게 큰 수익을 안겨줄 것이다. 게다가 투자금보다 더 높은 금액에 전세를 놓는 플러스피 투자를 함으로써 투자금이 들지 않아 돈이 없어도 누구나 할 수 있는 투자다. 그러므로 여러분이 열정을 갖고 제대로 된 투자 노선을 찾아 나서길 바란다. 단, 앞서 영국의 마라톤 이야기를 통해 알 수 있듯, 본인이 노력해서 얻은 정보를 바탕으로 남보다 한발 빠르게 투자에 진입해야지, 그저 남들이 가는 방향으로 우르르 몰려가는 투자 방법은 옳지 못하다. 그 방향이 옳다 하더라도 최종 우승하려면 치열한 경쟁을 뚫어야 할 것이며, 방향이 잘못되었다면 모두 탈락하는 불운을 맛봐야 하기 때문이다.

에필로그

빌라 투자, 시간을 즐기자

　미래가치가 있는 부동산은 기다릴수록 좋다. 하지만 사람들은 돈을 투자해놓으면 불안한 마음이 든다. 물론 물건의 가치를 믿고 기다리는 사람도 있는 반면, 대다수 사람들은 투자한 돈이 손에 들어오기 전까지 불안해한다. 제삼자 입장에서는 '더 기다리지…'라는 말이 쉽게 나와도 막상 내 돈이 투자되어 있으면 그 말이 쏙 들어간다. 하지만 가치 있는 부동산에 투자했으면 진득하게 기다리는 게 결과적으로 큰돈이 된다. 참고로 필자는 정말 가치 있는 빌라(토지)는 될 수 있으면 팔지 않는다는 원칙을 가지고 있다. 그러면 언제 파느냐고 물을 텐데, 그건 상대방이 팔아달라고 애원할 때다(재개발·재건축, 가로주택정비사업, 지역주택조합 등). 내가 먼저 파는 것과 상대방의 요청에 의해 파는 것은 가격의 우위 면에서 매우 큰 차이가 있다.

필자는 투자 마인드를 강조한다. 똑같은 부동산을 사도 누구는 벌고 누구는 잃는 일이 발생한다. 그건 부동산 자체의 문제가 아닌, 소유한 사람의 마인드 문제다. 부동산을 사서 떨어질까 봐 불안에 떨면서 전전긍긍하다 팔아버려야 속이 시원하니 수익을 못 보고, 누구는 진득하게 기다려 큰 수익을 맛보는 것이다. 이는 밥솥에 쌀을 안쳐놓고 '밥이 될까? 진짜 될까?' 걱정하는 사람과, '잘되겠지' 하고 밥솥을 믿고 기다리는 차이다. 따라서 투자하는 것도 중요하지만, 그 투자를 지켜내는 힘도 중요하다. 물론 우량 물건에 투자한다는 전제에서 말이다.

현금은 그냥 종이일 뿐이다

손에 쥐고 있는 현금은 그냥 종이일 뿐이다. 20년 전에는 1억 원으로 강남 아파트 한 채를 살 수 있었지만, 지금은 지방 외진 곳에 위치한 아파트 한 채 사기도 힘들다. 그런데도 대부분의 사람들은 현금을 갖고 있어야 재산이라고 생각한다. 필자가 생각하는 현금은 쓰려고 갖고 있는 돈이다. 그러니 소비를 목적으로 현금을 갖고 있다면 이해되지만, 자산 보유 개념으로 갖고 있다면 아무 의미가 없다. 재테크가 목적이라면 현금을 다른 것으로 바꿔놓아야 한다. 부동산이 싫으면 금이라도 말이다.

욕심이 없으면 돈을 벌지 못한다. 하지만 눈앞의 욕심에 급급하면 더 큰 것을 놓친다. 사람의 심리는 돈이 있으면 부동산이 사고 싶고, 부동산을 갖고 있으면 돈으로 만들고 싶다. 그래서 1년 전 산 부동산이 오르면 팔았다가, 현금을 손에 쥐고 있으면 불안하니 다시 부동산을 산다. 하지만 그사이 부동산 가격이 올라 결국 오른 만큼 더 주고 부동산을 사야 한다. 이런 이유로 여러 차례 부동산을 사고팔았는데 남는 게 없는 것이다.

그런데도 자금은 한정적인데 장기 투자하면 그대로 돈이 묶이는 것은 아닌지 두려운 마음이 들 것이다. 만약 여러분이 1억 원을 투자했는데 5년 후 2억 원으로 올라 부동산을 팔았다. 그 돈으로 또 투자해 5년 후 4억 원이 되었다면 어떨까? 4억 원을 또 투자했다가 5년 후에 팔고, 그 돈을 다시 투자해 5년 후에 팔고…. 이렇게 보면 결과적으로 1억 원을 20년 동안 장기 투자한 것과 같은 결과이지 않은가? 굳이 차이를 들자면 중간에 매각한 경우, 현금을 손에 쥐어보는 것의 차이다.

또 한 번 생각해보자. 5년 정도 보유 후에 물건을 팔았다는 것은 20년 이상 장기 투자에 대한 확신이 없다는 간접증거다. 판 돈으로 어차피 재투자할 것이라면 우량물건에 쭉 묻어두는 게 나을 텐데, 그 물건이 우량하다는 확신이 없기에 중도에 팔아버린다. 어차피 재투자를 할 것이라면 계속 사고파는 것보다 보유하는 게 더 큰 수익이 나는 경우가 많다. 그런데도 사람들은 장기 투자가 쉽지 않다고 하소연한다. 이는 장기 투자를 하는 것이 인간이 가진 본능과 성격을 달리하기 때문이다.

미래는 불확실하기 때문에 실제로 그 수익이 자신의 손에 들어올지 확신할 수 없다. 따라서 사람들은 미래보다 당장 눈앞에 있는 현재를 더 중시한다. 또한 손실을 회피하려는 경향도 장기 투자를 어렵게 하는 요인이다. 당장 수익을 취하지 않고 투자 시간을 연장하면 이를 손실로 생각하기 때문에 회피하고 싶어 한다. 이처럼 장기 투자는 인간의 근본적인 본능과 다르기에 쉽지 않다는 점을 인식하고, 스스로 불안감을 느끼지 않도록 미리 투자 습관이나 구조를 바꿔야 한다.

부동산은 언제나 과거의 가격이 아니라 미래의 가치다. 그래서 부동산은 미래가치를 사는 것, 즉 시간을 사는 것이다. 임차인의 전세보증금은 무이자 대출과 같다. 시간이 흐를수록 임차인에게 갚아야 할 돈의 가치는 계속 떨어진다. 실제 물건 값은 임차인이 낸 것과 같은데, 오른 효과는 오롯이 임대인이 본다. 그러니 전세 보증금을 두려워하지 말고 지렛대 효과로 사용하자. 성공의 시작은 지금의 출발에서부터다.

**쉽게 따라 하고 빠르게 도전하는
빌라 투자 방정식**

초판 1쇄 2021년 8월 5일
초판 3쇄 2022년 8월 25일

지은이 황성수
펴낸이 서정희   **펴낸곳** 매경출판㈜
기획제작 ㈜두드림미디어
책임편집 최윤경, 배성분   **디자인** 노경녀 n1004n@hanmail.net
마케팅 강윤현, 이진희, 장하라

매경출판㈜
등록 2003년 4월 24일(No. 2-3759)
주소 (04557) 서울특별시 중구 충무로 2(필동 1가) 매일경제 별관 2층 매경출판㈜
홈페이지 www.mkbook.co.kr
전화 02)333-3577
이메일 dodreamedia@naver.com
인쇄·제본 ㈜M-print 031)8071-0961
ISBN 979-11-6484-301-5 (03320)

책 내용에 관한 궁금증은 표지 앞날개에 있는 저자의 이메일이나
저자의 각종 SNS 연락처로 문의해주시길 바랍니다.

책값은 뒤표지에 있습니다.
파본은 구입하신 서점에서 교환해드립니다.

📍 부동산 도서 목록 📍

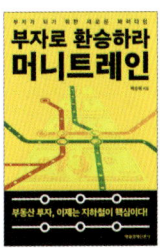

   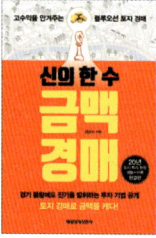

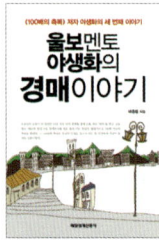
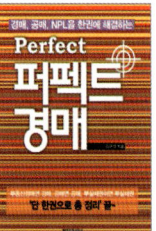

가치 있는 콘텐츠와 사람
꿈꾸던 미래와 현재를 잇는 통로

Tel. 02-333-3577
E-mail. dodreamedia@naver.com
https://cafe.naver.com/dodreamedia